A SUBLIMAÇÃO, UMA ERÓTICA PARA A PSICANÁLISE

ÉRIK PORGE

A SUBLIMAÇÃO, UMA ERÓTICA PARA A PSICANÁLISE

aller
editora

Título original: *La sublimation, une érotique pour la psychanalyse*
Éditions érès, 2018
Copyright © 2019 Aller Editora

Editores:	Fernanda Zacharewicz
	Gisela Armando
	Omar Souza
Revisão	Fernanda Zacharewicz
Capa	Rafael Brum
Diagramação	Sonia Peticov

Primeira edição: novembro de 2019

Dados Internacionais de Catalogação na Publicação (CIP)

Ficha catalográfica elaborada por Angélica Ilacqua CRB-8/7057

P872

Porge, Érik
    A sublimação, uma erótica para a psicanálise / Érik Porge; traduzido por Paulo Sérgio de Souza Junior. — São Paulo: Aller, 2019.
    224 p.

    ISBN: 978-85-94347-30-5
    Título original: *La sublimation, une érotique pour la psychanalyse*

1. Psicanálise 2. Sublimação (Psicologia) I. Título II. Souza Junior, Paulo Sérgio

19-2575
                                    CDD — 150.195
                                      CDU 159.964.2

Índice para catálogo sistemático
1. Psicanálise

ISBN do ebook: 978-85-94347-29-9

Publicado com a devida autorização e com
todos os direitos reservados por

ALLER EDITORA
Av. Angélica, 1814 — Conjunto 702
01228-200 São Paulo S.P.
Tel: (11) 93015.0106
contato@allereditora.com.br
Facebook: Aller Editora

Este livro é oriundo de uma série de seminários ministrados há vários anos na França (na Associação Encore, com Edit Mac Clay) e no exterior (Madri, Cidade do México, Nova York e Rabat). Gostaria de agradecer aos organizadores e a todas as pessoas — meus conhecidos e desconhecidos — que, com sua participação nesses seminários, contribuíram para a elaboração da temática.

Sumário

Prefácio à edição brasileira   9
Introdução   15
1. O turbilhão da sublimação   25
2. O devir da fantasia fundamental   36
3. Freud, no só-depois da leitura de Lacan   55
4. Uma nova definição da sublimação por Lacan   65
5. Mensurar o efeito de perda   86
6. A satisfação sexual desarmônica   104
7. O objeto a e o falo na sublimação   118
8. A sublimação e o desejo do analista em sua relação com a transferência   133
9. A significação de um amor sem limite conecta-se à sublimação   146

10. O estilo do analista 159
11. O eco do fato de um dizer no corpo 168
12. A mesmidade da diferença 187
13. O nó borromeano a serviço da sublimação 197
14. Sinthoma e sublimação 209
15. Uma erética 218

Prefácio à
edição brasileira

O livro A *sublimação — uma erótica para a psicanálise* foi publicado em 2018 dentro da série *Essaim* da editora érès dirigida pelo próprio autor e por Dorothée Muraro e segue a linha do projeto da revista *Essaim*. Este detalhe se faz importante na medida em que o percurso que o autor realiza no que respeita ao tema da sublimação cumpre com maestria os objetivos propostos para a série, quais sejam: "revelar os pontos de articulação entre a psicanálise e outras disciplinas, fazer emergir posições críticas, encorajar eventuais "achados" no sentido em que Lacan os entendia — não para dizer "mais que" mas para propor um "depois"". Ao longo dos capítulos Porge tece argumentos e raciocínios importantes para se pensar a sublimação através de diferentes momentos do percurso tanto de Freud quanto de Lacan; desdobra indicações que recolhe em diversos seminários e escritos de Lacan, tirando consequências para avançar hipóteses e indagações.

É certo que Érik Porge tem se dedicado há vários anos ao estudo rigoroso e literal dos escritos e seminários de Jacques Lacan, visando desdobrar conceitos e tirar consequências de seus achados e invenção. Julgo, entretanto que o presente trabalho apresenta uma diferença importante com relação aos anteriores, talvez por ser o resultado de uma série de seminários sustentada ao longo de vários anos: na França junto com Edit Mac Clay na Associação Encore de Psicanálise e no estrangeiro (Madrid, Cidade do México, New York, Rabat). Um longo processo de elaboração, portanto. Mas o que justifica, de fato, a diferença aludida é a posição enunciativa do autor que evidencia a sua inclusão no tema mesmo estudado. Estou afirmando que o percurso aqui relatado é ele mesmo uma ilustração do que se fala. No último capítulo o autor oferece um testemunho pessoal do que foi este percurso em que colocou algo de si de diversas maneiras. E colocar algo de si tem a mais íntima relação com a sublimação, cuja complexidade parece exigir um ato que ponha em cena a relação com o objeto causa de desejo. A sublimação é abordada por sua associação ao desejo do analista em particular, ou seja, naquilo que a sublimação "permite abordar a efetividade deste desejo na prática do analista" e isto especialmente porque ela "revela a natureza própria da pulsão", eixo orientador de todo o percurso desenvolvido pelo autor, em conjunção com a exploração da afirmação de Lacan de que a experiência da fantasia fundamental devém a pulsão ao final de um percurso analítico levado ao seu término. Conforme o próprio autor afirma o fio condutor de todo o trabalho de investigação consistiu em avançar a hipótese que a sublimação representa o "devir da pulsão" da fantasia fundamental.

Se o título do livro marca a sublimação em relação com uma erótica, o último capítulo inclui uma volta a mais ao associá-la com a ética do desejo propondo uma erótica: uma ética da erótica. Isto porque a ética em jogo no desejo do analista implica uma satisfação pulsional sem recalcamento.

O autor logo de início lança uma questão: o conceito de sublimação seria da ordem do necessário ou se poderia dispensá-lo em psicanálise? E termina o percurso afirmando o seu caráter de noção constituinte da psicanálise e determinante do sujeito sobre o qual o analista opera. Isto só foi possível porque o autor identificou a cifra da constante da pulsão como sendo a do objeto *a*. Uma vez que a ética também se constitui como uma prática da teoria, a sublimação também se realiza quando o autor propõe a escrita borromeana da sublimação, associando amor, desejo e gozo para tratar do nó da sublimação em Lacan.

Tendo descrito o panorama geral da obra, o contexto em que ela é publicada e os achados terminais da investigação, cumpre marcar uma impressão com que o leitor sai da leitura: uma experiência de turbilhonamento. De fato, este termo "turbilhão" marca de vários modos e em diferentes momentos o texto, especialmente a partir do que o autor nomeia como o turbilhão da sublimação. A quê isto se refere? O termo turbilhão indica, de um modo geral, um movimento circular de ar ou de gás que gira rapidamente constituindo um funil vazio; na física cartesiana referia-se ao movimento de rotação que teria arrastado a massa primitiva e formado os astros por sua condensação — *criação ex nihilo*. É interessante observar que o termo sublimação no contexto da química vai referir-se à passagem da matéria do estado sólido para o gasoso, evidenciando o trajeto em sentido, de certo modo, contrário àquele presente no uso do termo turbilhão na física aristotélica, o que nos permite pensar que o movimento do turbilhão mantém íntima conexão com o que está em jogo na sublimação. Um exame dos termos e de seus usos nos levaria já a fazer tal aproximação. O livro de Érik Porge realiza tal aproximação levando-a ao limite ao identificar o movimento de turbilhonamento como o movimento que está em jogo na sublimação. Entretanto, um jogo entre *tourbillon* e *trou* — criando o neologismo *troubillon*, transcriado magistralmente por Paulo Sérgio de Souza Jr. como *turbirombando* testemunha por si só não apenas o movimento sublimatório do autor quanto os efeitos turbilhonários sobre o tradutor. A qualidade da tradução para o português em muito contribui para que o leitor experimente o efeito de que o texto trata, evidenciando a importância específica do trabalho do tradutor na transmissão da psicanálise.

O efeito de turbilhonamento que o leitor testemunha inscreve-se em uma série — e com isto o inclui — que se inicia com o efeito sobre o autor da leitura do texto de Lacan *Homenagem, feita a Marguerite Duras, com o arrebatamento de Lol V. Stein*. O próprio autor afirma a sua inclusão: "para mim, ao entrar no texto da "Homenagem", a problemática da sublimação tomou um novo rumo e ganhou um contorno pessoal. Pareceu-me que o termo "sublimação" designava simultaneamente a realização literária de Marguerite Duras, mas também a do próprio Lacan — que a reconhecia e nela se incluía". O efeito da leitura do texto de Lacan causou no autor um movimento de sublimação, por ele qualificado como de turbilhonário. O movimento se repete e o leitor fica face ao turbilhão da criação, uma vez que o percurso da investigação de Porge o levará a propor o nó da sublimação, amarrando borromeanamente amor, desejo e gozo.

Que o leitor se inscreva no turbilhão.

NINA VIRGINIA DE ARAUJO LEITE
São Paulo, setembro de 2019.

Introdução

Podemos prescindir da noção de "sublimação" em psi-canálise? Será que ela ainda desperta o interesse dos psicanalistas? Desde Freud, vários autores — dentre os quais Lacan — assinalaram a confusão da qual ela era objeto[1]. No entanto, Lacan foi o primeiro, depois de Freud, a elaborar fundamentos teóricos coerentes para ela. Mas eles permanecem pouco conhecidos e pouco utilizados. Por quê? Para mim, isso continua sendo motivo de estranhamento e não justifica o

---

[1] Citemos GLOVER, E. "Sublimation, substitution et angoisse sociale", *Essaim*, n. 36, 2016; LAPLANCHE, J. & PONTALIS, J.-B. (1965) *Vocabulário da psicanálise*, 4ª ed. Trad. P. Tamem. São Paulo: Martins Fontes, 2001; LACAN, J. (1966-1967) *Le séminaire, livre XIV: La logique du fantasme*, 22 de fevereiro de 1967, inédito.

abandono da noção. Muito pelo contrário, se ainda conseguirmos *estofá-la*. Espero que esta obra contribua para tanto.

Ela se situa na sequência do livro anterior, *O arrebatamento de Lacan*[2], e de seu estudo da "Homenagem, feita a Marguerite Duras, com o arrebatamento de Lol V. Stein"[3] — na qual, a exemplo do seminário *A ética da psicanálise*, o amor cortês é elevado à categoria de paradigma da sublimação. O destino dessas duas referências, sublimação e amor cortês, é comum no ensino de Lacan. É por isso que, ainda que ele pareça silenciar a respeito da sublimação de 1969 em diante, penso que essa noção continuou sendo essencial para ele — por conta da repetição, até o final (1978), das suas referências ao amor cortês.

Lacan começa a falar da sublimação no seu seminário de 1952. Em 1956, em *As psicoses*, evoca pela primeira vez

---

[2] PORGE, É. (2015) *O arrebatamento de Lacan: Marguerite Duras ao pé da letra*. Trad. P. S. de Souza Jr. São Paulo: Aller, 2019.

[3] LACAN, J. (1965) "Homenagem, feita a Marguerite Duras, com o arrebatamento de Lol V. Stein". In: LACAN, J. (2001) *Outros escritos*. Trad. V. Ribeiro. Rio de Janeiro: Editora Zahar, 2003, p. 198-205; tradução modificada. Cumpre notar que a tradução brasileira dos *Outros escritos* (onde o referido texto está vertido como "Homenagem a Marguerite Duras pelo arrebatamento de Lol V. Stein") suprime, além da cesura marcada pela vírgula, o particípio e o genitivo presentes no original, próprios de uma antiga formulação sintática francesa: "Hommage *fait* à Marguerite Duras, *du* ravissement de Lol V. Stein" [Homenagem, *feita* a Marguerite Duras, *com o* arrebatamento de Lol V. Stein]. Esta estrutura, "Hommage fait à [...] de [...]", é encontrada, por exemplo, em relatos de cortesias oferecidas a nobres durante a Idade Média. Por exemplo, no ano de 1357: "Homenagem, feita ao Senhor Infante, Regente, pelo conde de Magdeburgo, com [a importância de] quatrocentos florins...". Cf. TILLER, J. Du, *Recueil des rois de France, leur couronne et maison*. Paris: Jacques du Puys, 1580, p. 267. Consequências dessa estrutura linguística são tiradas por Érik Porge ao longo do livro anterior, *O arrebatamento de Lacan* (Aller, 2019). (N. de T.)

o amor cortês e sua "degradação" na psicose; e em 1957, torna a falar dele e da sublimação, mas sem associá-los. É em 1959-60 que ele vincula sublimação e amor cortês. Depois de 1969, continuando a falar apenas do amor cortês, não desmente o vínculo — estabelecido por ele — com a sublimação.

A referência ao amor cortês é importante para a teoria da sublimação, na medida em que a inscreve no "exigido advento de uma erótica"[4] para a psicanálise. A sublimação, em certa medida, é uma ética da erótica, uma *erética*. O amor cortês exemplifica uma ética fundamentada no real da Coisa, e não no ideal do Bom; ética na qual é a Dama quem ocupa no lugar da Coisa inacessível, representando uma dimensão de impossível no cerne do amor.

"Sublimação" é uma palavra que existe no nosso vocabulário desde a Idade Média e foi utilizada em campos variados — em especial o da alquimia e, posteriormente, o da química. Apesar de sua etimologia comum, o substantivo "sublimação" e o adjetivo "sublime" não remetem necessariamente um ao outro; em particular quando "sublime" se torna (por volta do século XVII) um substantivo comum masculino. Sabe-se, por exemplo, que Kant opôs o sublime ao belo.

"Sublimação" tem hoje o sentido de "purificação", "elevação dos instintos com fins espirituais". Freud introduziu o termo *Sublimierung* em psicanálise no ano de 1905, atribuindo-lhe características mais precisas e referenciadas não ao instinto, mas à pulsão, *Trieb* — "*deriva* do gozo", traduz Lacan. Infelizmente, o sentido da palavra permaneceu contaminado pelo do seu uso na linguagem corrente, de modo

---

[4]LACAN, J. (1961-1962) *Le séminaire, livre IX: L'identification*, 14 de março de 1962, inédito.

que, mesmo entre os psicanalistas, ele pode se ver reduzido a significar o deslocamento do sujeito para uma atividade não sexual e, além disso, valorizada socialmente. Então, a partir do momento que se quer, por pouco que for, vincular a sublimação às coordenadas da metapsicologia freudiana, tudo fica confuso.

Uma pequena evocação etimológica nos deixará com a pulga atrás da orelha[5].

"Sublime" e "sublimação" vêm do latim *sub-limis* e *sub-limus*, e não, segundo Meillet, de *sub-limen* — em que *limen* significa "limiar" (o que, no entanto, teria calhado à sublimação). *Sublimis* — que significa "alto, elevado, suspenso no ar" — designa tudo o que tem um caráter elevado. *Limus* significa aquilo que sobe em linha oblíqua; mas também limo, lama, sedimento, lodo, e até mesmo uma espécie de saia.

O sentido de "sublime" marcando a elevação de baixo para cima resulta de uma interpretação do prefixo *sub*, "sob", ligada ao seu parentesco indo-europeu com o seu contrário, *super*, "sobre". Como apontam A. Ernout e A. Meillet em seu *Dictionnaire étymologique de la langue latine* [Dicionário etimológico da língua latina], o parentesco de *sub* com *super* "aparece em compostos como *suspicio*, que não quer dizer "olhar de cima a baixo" mas "olhar de baixo para cima, olhar debaixo"; *subleuo*, "atenuar", isto é, "aliviar levantando".

Quando, em "sublime", não se dá ao *sub* o sentido de *super*, compreende-se então um movimento para baixo — além do fato de que *limus* designa o limo. A sublimação comporta um movimento que se dirige ao limo, sob ou sobre as coisas.

---

[5]Cf. o conto de Maupassant, " La Bête à Maît' Belhomme", e o comentário de J. Jouet em *Les mots du corps* (Paris: Larousse, 1990, p. 62).

A partir dessa etimologia, pode-se admitir que há dois movimentos contrários na sublimação: um de elevação, outro de descida. Acaso não é isso que Lacan nos dá a entender quando diz que "os discursos visam sempre à menor besteira, à besteira sublime, pois *sublime* quer dizer o ponto mais elevado do que está embaixo"[6]?

Ecoa aí a sabedoria dos provérbios: "Quem quiser bancar o anjo, banca a fera"[7] ou "De boas intenções o inferno está cheio". A mescla dos contrários constitui também o material com que o artista trabalha. Assim conclui Georges Bataille em *Les larmes d'Éros* [As lágrimas de Eros]: "Limitado ao seu próprio domínio, o erotismo não teria podido acessar essa verdade fundamental, dada no *erotismo religioso*: a identidade entre o horror e o religioso"[8]. É o que ele chama de *heterologia*. Ela qualifica "a relação impossível entre duas entidades fortemente polarizadas (essencialmente: o alto e o baixo, o sujo e o santo)", diz ele em *L'anus solaire* [O ânus solar], em 1931[9].

Citemos palavras de Anselm Kiefer que vão nesse mesmo sentido: "Constantemente a arte se ergue contra ela mesma. Ela não parece poder existir, a não ser por sua própria negação. Submetida à sua autodestruição, a este 'querer o mal', paradoxalmente ela procura o bem"[10]. A vinculação da sublimação ao sexual não deixa com que ela se feche, entretanto,

---

[6]LACAN, J. (1972-1973) *O seminário, livro 20: Mais, ainda*, 2ª ed. Trad. Rio de Janeiro: Editora Zahar, 1985, p. 23; trad. modificada.

[7]Aforismo de Blaise Pascal: "O homem não é nem anjo, nem fera; e quer o infortúnio que quem quiser bancar o anjo, banca a fera". (N. de T.)

[8]BATAILLE, G. *Les larmes d'Éros*. Paris: Pauvert, 1981, p. 239.

[9]BATAILLE, G. (1931) *L'anus solaire*. Paris: Nouvelles Éditions Lignes, 2011. (N. de T.)

[10]KIEFER, A. *L'art survivra à ses ruines*. Paris: Éditions du Regard, 2011, p. 23.

numa oposição entre o alto e o baixo ou entre o bem e o mal. No que concerne à sublimação, se o analista, como o artista, quer permanecer na "menor besteira", ele tem de se agarrar na corda que liga a sublimação ao sexual e o sexual à sublimação, tal como definida por Freud — enquanto destino da pulsão sem recalcamento. Numa longa nota ao final do Capítulo IV de *O mal-estar na civilização*, Freud vincula a sublimação a uma inerência de um impedimento da plena satisfação da meta sexual.

Desde o seu seminário *A ética da psicanálise*, Lacan enuncia que a sublimação "*revela* a natureza própria do *Trieb* [pulsão]"[11]. No entanto, juntar o termo "dessexualização" ao termo "sublimação" é paradoxal, uma vez que só há pulsões sexuais. Ora, a satisfação sexual seria então obtida por vias contrárias à satisfação da pulsão sexual[12]? Além do mais, será que não há uma teoria da pulsão mais bem acabada que a da sublimação? Isso não é colocar um verdadeiro desafio para uma teoria da sublimação?

Se Freud construiu uma teoria das pulsões assaz detalhada, não é menos verdade que a definição desta — com seus quatro elementos (objeto, meta, pressão, fonte) — é da ordem de uma montagem dificilmente apreensível. A pulsão não é um dado empírico, observável como tal na clínica. É preciso o filtro das coordenadas dessa montagem para que algo dela possa se dizer.

Lacan, em 1964, ao vincular a meta da pulsão ao seu trajeto em torno do objeto *a* — apoiando-se nos dois sentidos de "meta" que as palavras inglesas *aim* [mira] e *goal* [fim]

---

[11]LACAN, J. (1959-1960) *O seminário, livro 7: A ética da psicanálise*, 2ª ed. Trad. A. Quinet. Rio de Janeiro: Editora Zahar, 2008, p. 137.
[12]LACAN, J. (1961-1962) *Le séminaire, livre IX: L'identification*, sessão de 14 de março de 1962.

distinguem —, começou a dar certa coerência a essa montagem. Ao mesmo tempo ele frisa que, lendo Freud bem, cumpre reconhecer que são as pulsões ditas "parciais" que fazem as vezes de pulsões sexuais, já que fica faltando a sua unificação numa pulsão genital macho ou fêmea.

Mas isso não diz em que a sublimação *revela* a natureza própria da pulsão. É precisamente o que tentaremos evidenciar na reescrita, realizada por Lacan, da divisão harmônica como suporte da sublimação, e isso dará resultados consideráveis que *estofam* o aporte do próprio Lacan.

Por exemplo, será a oportunidade de cifrar a *constante* da pressão da pulsão — propriedade na qual Lacan insiste particularmente, a ponto de ilustrá-la com o teorema chamado "de Stokes". Mas apesar de essa referência permitir-lhe o estabelecimento da correlação entre a *pressão* e a *fonte* da pulsão (a saber, a zona erógena), Lacan não informa claramente a cifração dessa constante. Ora, trata-se de um desafio importante para a psicanálise, visto que isso constitui um fator do seu arrimo na ciência: "O que constitui em si a energética é que é preciso achar um truque para obter a constante"[13]. Esse "truque", avento eu, procede da escrita da divisão harmônica que *revela* uma relação incomensurável.

O arrimo da psicanálise na ciência não significa sustentar seu ideal, ou mesmo proclamar que ela é uma ciência. Segundo Lacan, "trata-se de aprender com a arte" para fazer da psicanálise "um terceiro que ainda não foi classificado", "escorado na Ciência"[14]. Estar "escorado" na ciência

---

[13]LACAN, J. (1975-1976) *O seminário, livro 23 [1975-76]: O sinthoma*. Trad. S. Laia. Rio de Janeiro: Editora Zahar, 2005, p. 129; trad. modificada.
[14]LACAN, J. (1973-1974) *Le séminaire, livre XXI: Les non-dupes errent*, sessão de 9 de abril de 1974, inédito.

é, primeiro, reconhecer que a origem da psicanálise, com Freud, não teria sido possível sem o *cogito* de Descartes, pois "o sujeito sobre o qual operamos em psicanálise só pode ser o sujeito da ciência"15 (que é o sujeito do *cogito*). Isso passaria por paradoxo, caso não se acrescentasse ao *cogito* o seu avesso, a saber: um "não penso onde existo" e "não existo onde penso".

O escoramento da psicanálise na ciência — e essa é sua originalidade com relação à psicologia — traduz-se no que Lacan chama de "causa material", que é, "propriamente, a forma de incidência do significante"16. Isso significa que a ação do significante determina o sujeito em sua relação com o objeto (que não é coalescente ao sujeito) em sua associação com outros significantes, independentemente da significação de cada um.

A psicanálise não é uma psicologia das ideias ou dos sentimentos independentes de sua materialidade significante. Esta ganha consistência na literalidade. A letra é, em última instância, o rochedo da materialidade do significante. Daí a importância em determinar a letra da constância da pulsão, isto é, a cifra da constante da sua pressão: ela representa a existência da pulsão, a força e a permanência da sua pressão.

Ao afirmar, como faremos, que a escrita da divisão harmônica ampara a sublimação e contribui para cifrar a constante da pulsão, fica mais fácil sustentar que a sublimação revela a natureza própria da pulsão.

Essa escrita é também o que permite a Lacan dar um passo suplementar com relação à afirmação de que são as

---

15LACAN, J. (1966) "A ciência e a verdade". In: LACAN, J. (1966) *Escritos*. Trad. V. Ribeiro. Rio de Janeiro: Editora Zahar, 1998, p. 873; trad. modificada.
16*Ibid.*, p. 890.

pulsões parciais que representam o sexual na ausência de pulsão genital — a saber: o passo de dizer da não inscrição da relação sexual entre homem e mulher, que constituirá a referência do real próprio à psicanálise. A escrita da divisão harmônica para deslindar a sublimação confunde-se com a escrita de uma primeira versão do impossível da relação sexual (no sentido matemático de "relação"), antes da entrada em jogo do nó borromeano.

A fim de continuar esse movimento, fui levado a propor uma escrita borromeana da sublimação, associando amor, desejo e gozo. Ela comporta a vantagem de dimensionar um espaço comum entre sublimação e sintoma, tema sobre o qual os psicanalistas se pronunciaram das mais variadas formas e que foi renovado pelo aporte de Lacan quando Joyce era para ele o caso — chamado precisamente, no seu seminário de mesmo nome, de "o sinthoma". Esse aporte não teria sido possível sem a topologia do nó borromeano. Ainda que Lacan não evoque a sublimação como tal no seu seminário, a escrita do nó borromeano que lhe pode ser aplicada facilita, a meu ver, a distinção entre sinthoma e sublimação.

A função reveladora da sublimação explica a sua complexidade e as dificuldades que anuviaram sua abordagem. Ela é uma noção que deve ter a sua própria coerência, mas esta não é separável da sua função reveladora de outras noções — que, ao mesmo tempo, a ela devem suas próprias coerências e contribuem para com a dela. É preciso justamente uma topologia para abordar esse espaço!

Para deslindar essa função reveladora, parti aqui de uma interpretação daquilo que Lacan enuncia no final do seu seminário *Os quatro conceitos fundamentais da psicanálise*; a saber: que, no fim da análise, "depois do referenciamento do sujeito em relação ao *a*, a experiência da fantasia fundamental *devém* a pulsão"[17]. Algumas linhas depois Lacan conclui o seu seminário com a questão do desejo do analista, na qualidade de "desejo de obter a diferença absoluta"[18]. Sustentarei que pulsão e fantasia não apenas se articulam na sublimação, mas que "sublimação" é o nome dessa articulação, o nome desse *devir* que surge no fim da análise, mas não a define — devir que concerne a uma certa forma de falar do desejo do analista.

A sublimação não se confunde com o desejo do analista, mas, na medida em que ele está ligado à fantasia, ela muito lhe diz respeito. Ela pode aclarar alguns dos seus aspectos, especialmente as suas manifestações na interpretação, bem como a posição do analista em intensão e em extensão. Cumpre, com efeito, considerar a existência de uma sublimação específica do analista — para além do curso da análise e de seu fim —, presente no exercício mesmo de sua prática, em sua relação com o desejo, o amor e o gozo. Ela impõe a questão do valor "cultural" da sublimação em termos não de resultados, mas de participação coletiva; ela mobiliza o pertencimento coletivo do sujeito, na medida em que este, justamente, não se confunde com o indivíduo e comporta uma determinação temporal.

---

[17]LACAN, J. (1963-1964) *O seminário, livro 11: Os quatro conceitos fundamentais da psicanálise*, 2ª ed. Trad. M.D. Magno. Rio de Janeiro: Editora Zahar, 1985, p. 258; trad. modificada.
[18]*Ibid.*, p. 260. (N. de T.)

1
O turbilhão da sublimação

Em sua "Homenagem, feita a Marguerite Duras, com o arrebatamento de Lol V. Stein", Lacan atesta que a escritora recuperou, através de sua arte, o objeto que dá sentido à sublimação e cuja satisfação não é ilusória.

Para mim, ao entrar no texto da "Homenagem", a problemática da sublimação tomou um novo rumo e ganhou um contorno mais pessoal. Pareceu-me que o termo "sublimação" designava simultaneamente a realização literária de Marguerite Duras, mas também a do próprio Lacan — que a reconhecia e nela se incluía. A isso se seguiu que, quando da minha leitura, participei de um movimento de sublimação, fui sendo levado por ele: um movimento qualificável como turbilhonário, arrastando-me com certa pressa[1].

---

[1] Cf. PORGE, É. "La sublimation, lieu de la satisfaction de la répétition dans un mouvement tourbillonnaire", *Essaim*, n. 36, 2016.

A SUBLIMAÇÃO, UMA ERÓTICA PARA A PSICANÁLISE

Retomemos as escansões que iniciaram esse movimento. Distingo quatro sequências a partir do encontro inicial de Marguerite Duras com a pessoa que dá à luz a personagem de Lol.

Primeira sequência

Ela começa pelo encontro de Marguerite Duras com uma jovem hospitalizada numa instituição psiquiátrica perto de Paris. Acontece um baile e Marguerite Duras fica o tempo inteiro falando com a doente. O que a choca é a extrema banalidade do discurso da moça, o cuidado em falar como todo mundo[2]. Quanto mais a doente quer parecer normal, mais estranha parece. Além do mais, ela confunde Marguerite Duras com uma médica.

A escritora experimenta algo que a toca pessoalmente, e é isso que vai dar à luz muito rapidamente a personagem de Lol.

Segunda sequência

Marguerite Duras "trombou" com ela (como que fora de si), como ela diz. É uma mulher que tem uma doença na qual muita gente passa raspando, mas que se instalou no caso de Lol. O nome dela vem de Loleh Bellon, uma atriz e diretora conhecida que Marguerite Duras tem em mente para fazer a personagem.

A jovem hospitalizada é então sublimada na personagem de um romance e de um filme cuja atriz que faria o seu papel lhe fornece um nome. Uma jovem real, um nome de atriz e

---

[2] Entrevista de Marguerite Duras a Pierre Dumayet, 15 de abril de 1964, disponível no YouTube.

uma personagem de romance vão dar as mãos na escrita de Marguerite Duras.

Antes de escrever *Lol V. Stein*, Marguerite Duras pensou em escrever uma peça de teatro e também em fazer um filme, chegando a escrever vários roteiros. Ela começa a escrita do relato provavelmente em 1961-62, consumando-o em 1963. Sabe-se que redigiu várias versões com diferentes desenlaces, e que hesitou com outros títulos. Esse *work in progress* faz parte de uma sublimação em andamento. Se acompanhamos Giorgio Agamben, a obra em potência deve ter o seu lugar na obra em ato[3].

As diferentes versões que precedem o romance testemunham a dificuldade da autora em cingir a personagem de Lol, pelos próprios efeitos-rebote que essa construção exerce sobre Marguerite Duras. Ela teve tanto de cativar sua personagem quanto deixar-se transformar por ela. Essa personagem com quem ela "trombou", batizada como "Lol", nela desencadeou confusão e medo. Eis o que ela confidenciou a respeito do que sentia quando estava escrevendo *Lol V. Stein*:

> Enquanto escrevia, tive um momento [...] um momento de medo. Dei um grito. Acho que alguma coisa foi atravessada ali, mas que me escapou. Porque a gente pode atravessar limiares e isso não se traduzir para a consciência clara; talvez um limiar de opacidade. [...] Era um medo... aprendido, também; um medo de perder um pouco a cabeça.[4]

---

[3] AGAMBEN, G. (2014) *O fogo e o relato: ensaios sobre criação, escrita, arte e livros.* Trad. A. Santurbano; P. Peterle. São Paulo: Boitempo, 2018.
[4] PORTE, M. *Les lieux de Marguerite Duras.* Paris: Les Éditions de Minuit, 1977, citado por ALAZET, B. em: DURAS, M. *Œuvres complètes*, II. Paris: Gallimard ("Bibliothèque da Pléiade"), p. 1.684.

Lol V. Stein surge como o sintoma de um luto que nunca se fez: "Um luto que carreguei minha vida toda por não ser Lol V. Stein; por poder conceber a coisa, descrevê-la, dizê-la, mas nunca tê-la vivido"[5]. E: "Todas as mulheres dos meus livros, sejam quais forem as suas idades, derivam de Lol V. Stein. Isto é, de certo esquecimento delas mesmas". Pode-se entender que, com Lol, Marguerite Duras está em relação com a Coisa, *das Ding*, esse rombo no real que testemunha a origem *ex nihilo* do significante e que o sujeito encontra como vacúolo íntimo. Lol permanece um ponto cego da sua criação que continuará a assombrá-la. A compreensão lhe escapa por conta da proximidade que Lol encarna em seu desejo.

No ato de escrever, Marguerite Duras realiza uma operação de sublimação; e isso não apenas por criar uma personagem oriunda dela mesma, simultaneamente externa e interna, mas também pelo efeito rebote que essa personagem exerce sobre ela e sobre a escrita do texto que lhe dá consistência.

Isso se revela mais particularmente a partir de um traço que caracteriza Lol; a saber, a existência de uma palavra que falta — "a palavra-buraco", a "palavra-ausência" —:

> Adoro acreditar [diz o narrador], como adoro!, que, se Lol é calada na vida, é por ter acreditado, no espaço de um lampejo, que essa palavra pudesse existir. Na falta de sua existência, ela se cala. Teria sido uma palavra-ausência, uma palavra-buraco onde todas as outras teriam sido enterradas. Não se teria podido dizê-la, mas fazê-la ressoar. Imensa, sem fim, um gongo vazio, ela teria detido aqueles

---

[5]Citado por ALAZET, B. em: DURAS, M. *Œuvres complètes*, II. Paris: Gallimard ("Bibliothèque da Pléiade"), p. 1.685.

que quisessem partir; ela os teria convencido do impossível; ela os teria ensurdecido a qualquer outro vocábulo que não ela mesma; ela teria, de uma só vez, nomeado o futuro e o instante. Faltando, essa palavra arruína todas as outras, as contamina; é também o cão morto da praia em pleno meio-dia, esse buraco de carne.[6]

É a palavra do buraco: uma palavra que fura o real com o simbólico, mas também uma palavra que marca uma ausência de simbólico. Palavra que falta, caída no buraco da linguagem e do seu limite, e objeto-palavra que constitui o furo — a ausência de palavra constituindo o rombo da palavra. É a palavra na falta da qual Lol silencia; aquela palavra que ela não pôde pronunciar quando da cena do baile no Cassino Municipal de T. Beach a fim de deter Michael Richardson e Anne-Marie Stretter, mas também a que a enleva ao assistir ao arrebatamento de seu noivo por essa mulher; palavra que falta diante daquilo que, ao mesmo tempo, a dilacera e a fascina. Uma palavra que diria essas contradições e o inominável do seu desejo, do seu gozo e da distância entre eles — que se ausentam dela mesma e deixam-na fora de si. Esse si-mesma que ela encontrará em Tatiana, no ser a três da sua fantasia entre ela, Tatiana e Jacques Hold, suspenso na janela do Hôtel des Bois.

A ex-sistência da palavra-buraco contamina a escrita do relato de Duras, feito de elipses, de frases inacabadas, de indeterminações dos personagens e dos lugares enunciativos. Isso dá ao romance uma forma de relato de sonho, com seus deslocamentos, condensações, interferências

---

[6]DURAS, M. *Le ravissement de Lol V. Stein*. Paris: Gallimard ("Folio"), 1964, p. 48.

têmporo-espaciais, narrativas em abismo. O conjunto da escrita de Marguerite Duras constitui a borda de um furo, e isso designa a escrita como sublimação.

Sua escrita funciona por ressonância, como diz a própria autora. Bernard Alazet aponta que o texto se furta a uma continuidade narrativa para se engajar num regime poético que renuncia dizer para fazer ressoar.

Terceira sequência

Nessa borda de furo Lacan faz com que se efetue uma volta a mais. Na "Homenagem" ele reconhece que, na escrita de *O arrebatamento de Lol V. Stein*, Marguerite Duras já havia procedido à sublimação, a saber: que ela recuperou o objeto *a*, "o objeto indescritível"[7], através da sua arte. Com isso, não se trata para ele de adicionar um comentário especializado sobre essa sublimação. Trata-se, sim, de se colocar em ressonância com Marguerite Duras e com seu texto — ainda mais pelo fato de ele dar lugar ao sonoro, e não somente ao escópico presente no texto da escritora.

Ele se liga ao texto de forma muito particular, tomando pelo menos três vias:

• Primeiro ele ata, aos ternários próprios da personagem de Lol no romance[8](e pelos quais sua fantasia pode

---

[7]LACAN, J. (1965) "Homenagem, feita a Marguerite Duras, com o arrebatamento de Lol V. Stein". In: LACAN, J. (2001) *Outros escritos*. Trad. V. Ribeiro. Rio de Janeiro: Editora Zahar, 2003, p. 205 (N. de T.)

[8]A saber: os ternários de Lol — Michael Richardson — Anne-Marie-Stretter e Lol — Tatiana — Jacques Hold; o ternário do nome próprio de Lol; o ternário do jogo do jokempô; o ternário saber — sexo — verdade, introduzido por Lacan; o ternário da fórmula da fantasia ($S \Diamond a$). Nós os estudamos em: PORGE, É. (2015) *O arrebatamento de Lacan: Marguerite Duras ao pé da letra*. Trad. P. S. de Souza Jr. São Paulo: Aller, 2018.

realizá-la), um ternário a mais, no qual ele se inclui — ternário composto por ele próprio, Marguerite Duras e o arrebatamento de Lol tomado como objeto.

"Isso legitima que eu introduza aqui Marguerite Duras — com o consentimento dela, aliás — num terceiro ternário, um de cujos termos é o arrebatamento de Lol V. Stein tomado como objeto em seu próprio nó; e eis-me ali, terceiro, introduzindo um arrebatamento — no meu caso, decididamente subjetivo"[9]. Notaremos, a esse respeito, a ambiguidade do título da "Homenagem" de Lacan, por conta da vírgula — podendo ser entendida como se fosse Lacan o autor do *Arrebatamento de Lol V. Stein*, que com ele estaria homenageando Marguerite Duras[10].

- Em seguida, esse ternário dá numa narrativa em abismo pessoal, visto que Marguerite Duras vem na sequência de outra Margarida, Margarida de Angoulême — autora de *O heptamerão* —, de quem ele confessa ter segurado a mão no invisível quando de seu seminário *A ética da psicanálise* — no qual, justamente, ele toma o amor cortês como exemplo para a sublimação.

Narrativa em abismo que o leva a citar a Novela X de *O heptamerão*, o que interpretamos como tendo uma função de anamorfose no texto de Lacan, pois coloca em jogo "a inacessibilidade do objeto"[11], fazendo com

---

[9]LACAN, J. (1965) "Homenagem, feita a Marguerite Duras, com o arrebatamento de Lol V. Stein", *op.cit.*, p. 199; trad. modificada. (N. de T.)
[10]Cf. p. 16 nota 3 [p. 5, nota 3 desde arquivo Word, em que consta nota de tradução sobre o título do texto de Lacan "Homenagem..."]. (N. de T.)
[11]LACAN, J. (1959-1960) *O seminário, livro 7: A ética da psicanálise*, 2ª ed. Trad. A. Quinet. Rio de Janeiro: Editora Zahar, 2008, p. 181. Cf. também: PORGE, É. (2015) *O arrebatamento de Lacan*, Trad. P. S. de Souza Jr. São Paulo: Aller, 2019.

que se veja de outro modo a história de Lol comparada à da Novela X[12].

- Por fim, entre as vias de entrada ou ressonâncias de Lacan no texto de Marguerite Duras pode-se acrescentar a lembrança de Marguerite Anzieu (a "Aimée" da sua tese), bem como o nome do seu analista (Loewenstein), que soa como "Lol V. Stein".

Lacan se deixa fazer de besta pelo arrebatamento; ele repete o arrebatamento de Lol e o de Marguerite Duras. O que ele escreve participa do seu arrebatamento. Ele se conta *um-a-mais* ao escrever sobre aquilo que ele está escrevendo sobre Lol e Marguerite Duras.

Mostramos, ademais, em *O arrebatamento de Lacan*, que a anexação do ternário de Lacan aos de Lol se fazia por meio de uma conexão de objetos *a*, mais especialmente do olhar com a voz; conexão que se deve ao que Freud chamava de "plasticidade dos *Instinkte* [instintos]"[13] — ou seja, o fato de que eles substituem-se uns aos outros. A nosso ver, a conexão de objetos *a* que se opera na e pela "Homenagem" de Lacan constitui, ali, uma das características da estrutura da sublimação.

O buraco, o furo que faz a sublimação funcionar é designado por Lacan — mas sem nomeá-lo — como "plano projetivo", e ele o chama de "nó" (uma vez que ainda não havia inventado o nó borromeano). Lacan faz dele a superfície que corresponde à realização da fantasia de Lol reduzida à sua estrutura fundamental ($\lozenge a$).

---

[12]PORGE, É. (2015) *O arrebatamento de Lacan*, Trad. P. S. de Souza Jr. São Paulo: Aller, 2019.

[13]LACAN, J. (1959-1960) *O seminário, livro 7: A ética da psicanálise*, 2ª ed. Trad. A. Quinet. Rio de Janeiro: Editora Zahar, 2008, p. 114.

Estrutura ternária que é "o ser a três" de Lol, que se repete nos outros ternários (do seu nome próprio, das suas relações, do jokempô...). Um corte moebiano (em dupla volta) do plano projetivo dissocia precisamente os elementos S e a desse ternário.

Quarta sequência

Trata-se da leitura de Lacan lendo Marguerite Duras, e da forma como ela deu lugar a essa própria sequenciação — leitura atravessada pelo paradigma do amor cortês. Lacan falou disso nos seguintes termos, que faço meus:

> Em todos os casos, o amor cortês — ou pelo menos aquilo que dele nos resta — é um homenagem prestada pela poesia ao seu princípio, a saber: o desejo sexual. Dito de outro modo, ainda que se diga no texto de Freud que, tirante em técnicas especiais, o amor só é acessível sob a condição de sempre permanecer estritamente narcísico, o amor cortês é a tentativa de ultrapassar isso.[14]

Em seguida à primeira sequência — e, depois, da segunda —, Lacan executa uma sublimação a partir da sublimação de Marguerite Duras; ele efetua um duplo enganchamento suplementar em torno do "objeto indescritível". Essa repetição de duplos enganchamentos instaura um movimento que se pode qualificar como turbilhonário, que conjumina a continuidade de um movimento e a descontinuidade das pessoas. A partir daí podem sair nomeações: a

---

[14]LACAN, J. (1968-1969) *O seminário, livro 16: De um Outro ao outro*. Trad. V. Ribeiro. Rio de Janeiro: Editora Zahar, 2008, p. 225.

de Lol, depois a do ser a três. No que me concerne, passei do "ser a três" à nomeação da "letra a três" para designar o vazio em torno do qual gira Lacan com o que ele chama, na "Homenagem", de seu nó — e que é um plano projetivo, efetivamente. A "letra a três" seria a letra topológica, prematuramente nodal, através da qual Lacan repete a sublimação de Marguerite Duras. Ela seria esse objeto elevado à dignidade da Coisa. Simultaneamente meio de a-bordar a Coisa e objeto que ela cospe de volta em seu turbilhão; simultaneamente instrumento de descoberta e produto descoberto, encerrado numa dupla volta.

Quanto ao ternário no qual eu me implico como um dos termos, ele se enodaria através da minha ligação com o texto da "Homenagem" de Lacan a Duras, ou seu arrebatamento, e pela sublimação tal como a exponho.

Vou ao encontro do enunciado de Lacan: "A sublimação, como escrevi em algum lugar, é aquilo que possibilita que desejo e letra se equivalham"[15]. Enunciado que se aproxima de um outro, que define a análise: "Se tivesse de compará-la com algo, seria com um relato que fosse, ele mesmo, o lugar do (re)encontro em questão no relato"[16].

Uma objeção possível à interpretação de Lacan na "Homenagem" é a de saber se, analisando a fantasia de Lol e incluindo-se nela com o seu próprio ternário, ele não redobra essa fantasia; a de saber se a sua interpretação da fantasia de Lol não é a expressão da sua própria, ligada ao olhar. Em especial porque — como ele próprio aponta, aliás, em seu seminário *L'objet de la psychanalyse* [O objeto da

---

[15]LACAN, J. (1958-1959) *O seminário, livro 6: O desejo e sua interpretação*. Trad. C. Berliner. Rio de Janeiro: Editora Zahar, 2016, p. 517.
[16]*Ibid.*, p. 518.

psicanálise] — "cada vez que se fala da fantasia inconsciente, fala-se também implicitamente da fantasia de vê-la"[17].

Vou responder o seguinte: há os elementos na "Homenagem" de Lacan, que citamos, que demandam levar em conta um laço entre a fantasia e a pulsão; elementos que colocam em jogo, na leitura de Lacan, outros objetos *a* além do olhar — a saber, a voz —, de acordo com a plasticidade das pulsões (Freud) ou a conexão dos objetos *a* (Lacan) — que, a propósito, encontramos no texto de Duras.

O laço entre a pulsão e a fantasia, ali onde alguma coisa se realiza para o sujeito "na entrada do turbilhão da fantasia", começa a aparecer em Lacan desde o seu seminário *O desejo e sua interpretação*[18]. Ele também é legível no seminário seguinte, *A ética da psicanálise*, onde se dá a ver que a sublimação não procede sem a intervenção da fantasia nas formações imaginárias que colonizam a Coisa[19].

Todavia, é ao levar em conta aquilo que Lacan diz no final de *Os quatro conceitos fundamentais da psicanálise*, citado na nossa Introdução, que a articulação entre a fantasia e a pulsão no fim da análise repercutiu, de nossa parte, na hipótese de que a sublimação é o nome dessa articulação.

[17]LACAN, J. (1965-1966) *Le séminaire, livre XIII: L'objet de la psychanalyse*, sessão de 18 de maio de 1966, inédito.
[18]LACAN, J. (1958-1959) *O seminário, livro 6: O desejo e sua interpretação*, Trad. C. Berliner. Rio de Janeiro: Editora Zahar, 2016, p. 456.
[19]LACAN, J. (1959-1960) *O seminário, livro 7: A ética da psicanálise*, 2ª ed. Trad. A. Quinet. Rio de Janeiro: Editora Zahar, 2008, p. 123.

2

O devir da fantasia fundamental

Quando Lacan, em *Os quatro conceitos*, diz que "a experiência da fantasia fundamental devém a pulsão"[1], não temos como deixar de dispor de alguns referenciais estruturais para começar a abordar essa articulação.

A fantasia fundamental

Esse termo não é equivalente ao que Freud emprega ao falar em "fantasias originárias", e que designa as fantasias

---

[1] LACAN, J. (1963-1964) *O seminário, livro 11: Os quatro conceitos fundamentais da psicanálise*, 2ª ed., Trad. M.D. Magno. Rio de Janeiro: Editora Zahar, 1985, p. 258; trad. modificada.

de sedução, de castração e "de observação do coito dos pais quando ainda nos encontramos no ventre materno"[2]. Essas fantasias originárias são um patrimônio filogenético. Nelas o indivíduo vai além de "suas vivências pessoais"; essas fantasias "preenche[m] as lacunas na verdade individual com a verdade pré-histórica"[3]. Essa é uma forma de dizer que o próprio sujeito faz furo naquilo que ele pode enunciar de sua verdade.

Se é possível que as referidas fantasias originárias representem o que Lacan chama de "fantasia fundamental", essa fantasia corresponde a uma definição precisa:

> A fórmula simbólica ($S \lozenge a$) dá sua forma ao que chamo de fantasia fundamental. [...] Dizer que se trata aqui da fantasia fundamental nada mais significa do que o seguinte, a saber, que, na perspectiva sincrônica, ela garante sua estrutura mínima ao suporte do desejo. Nela vocês encontram dois termos, cuja dupla relação entre um e outro constitui a fantasia. Essa relação se complexifica na medida em que é numa relação terceira com a fantasia que o sujeito se constitui como desejo. [...] [O] objeto *a* se define, em primeiro lugar, como o suporte que o sujeito se dá quando fraqueja [...] na sua designação de sujeito.[4]

Essa é a *fórmula* que dá sua *forma* à fantasia fundamental. A forma está na fórmula. Freud teria falado em "arcabouço"

---

[2]FREUD, S. *Obras completas*, vol. 13: "Conferências introdutórias à psicanálise". Trad. S. Tellaroli. São Paulo: Companhia das Letras, 2014, p. 491.
[3]*Ibid.*, p. 493.
[4]LACAN, J. (1958-1959) *O seminário, livro 6: O desejo e sua interpretação.* Trad. C. Berliner. Rio de Janeiro: Editora Zahar, 2016, p. 393-394. Essa definição é retomada no seminário *A transferência* (Rio de Janeiro: Editora Zahar, p. 242).

ou "cristal" ("Novas conferências introdutórias sobre psicanálise"). Não se trata da fórmula de uma observação estática, objetivável, mas da fórmula de uma temporalidade do sujeito, num *momento* de fraquejamento, de furo, em poder se designar, ele próprio, como sujeito desejante. Decerto a fórmula fixa algo desse momento, mas essa fixação é fugaz e destinada a se repetir a cada vez que o sujeito fraqueja em sua designação de sujeito em função da instância do desejo do Outro.

A fórmula articula uma relação ternária entre dois termos, S e a, mais um terceiro, o punção — $\Diamond$ (seu corte) —, bem como entre as três dimensões R, S e I. Em razão disso ela antecipa o nó borromeano, que só ocorrerá a Lacan em 1972: na fantasia fundamental, "algo real, que ele [o sujeito] domina numa relação imaginária, é elevado à pura e simples função de significante. Esse é o sentido último, o sentido mais profundo da castração enquanto tal". Com efeito, "o sujeito tem de empregar, para se designar, algo tomado às suas expensas"[5], e que é o objeto a.

"A experiência" da fantasia fundamental não é, portanto, um dado intuitivo imediato da consciência, mas uma *experiência de pensamento*. Ela passa por uma análise que reduz, decompõe e recompõe de outra forma aquilo que chega ao sujeito de seus devaneios, sonhos, sintomas, manifestações diversas do inconsciente, e da forma de deslindar tudo isso.

Lembremos que o próprio pensamento se decompõe em vários tipos de experiências que a filosofia explorou. Em latim, pode-se dizer "pensar" de três formas: *cogitare* (co-agitar, empurrar para frente), *putare* (podar, calcular), *pensare* (pesar). Voltaremos a isso no Capítulo V.

---

[5]*Ibid.*, p. 394.

A fantasia fundamental não se relaciona tanto com temas originários quanto com fatos de linguagem. Lacan toma como exemplo de fantasia fundamental a de "Bate-se numa criança"[6]. Os fatos de linguagem articulam-se ali com a gramática. Nesse caso, três fórmulas gramaticais que se desenrolam em três *tempos* são reconstruídas por Freud. A primeira é: "o pai está batendo na criança que eu odeio", e é o que o sujeito vê. A segunda enuncia-se assim: "estou apanhando do meu pai". A maior parte do tempo essa fase é inconsciente, e é Freud quem a restabelece como elo perdido entre a primeira e a terceira. Ela fornece a chave do desejo cujo suporte é a fantasia, e corresponde a uma substituição regressiva erótica por culpa de um "o pai só ama a mim" — "apanhar" equivalendo, então, a "ser amado". Por fim, no terceiro tempo, a fórmula da fantasia se enuncia como "estão batendo numa criança"; e o sujeito, na cena que associa a ela, está olhando.

Essas três fases e frases são reconstruídas pelo trabalho da análise (isso leva tempo, portanto) a partir de reduções e recomposições de elementos díspares, de fragmentos de lembranças oriundas de épocas diversas, a fim de formar um conjunto que confere a forma e a fórmula de uma unidade de fantasia.

Nessa redução gramatical, Lacan discerne a lógica e a topologia da fórmula da fantasia fundamental, $\$ \Diamond a$, em que $\$$ aponta o segundo tempo ("estou apanhando"). O inconsciente desse tempo significa o *fading* (a barra) do sujeito, ao passo que o objeto a, nessa fantasia, corresponde ao olhar — do qual, com efeito, Freud assinala a onipresença.

---

[6]FREUD, S. (1919) "Bate-se numa criança". In: *Neurose, psicose, perversão*. Trad. M. R. Salzano Moraes. Belo Horizonte: Autêntica Editora ("Obras Incompletas de Sigmund Freud"), 2016, p. 123-156.

Haveria ainda uma outra razão para qualificar como *fundamental* uma fantasia assim reduzida à relação de $ corte de *a*: a forma como Lacan lê o *cogito* de Descartes — a saber, como a soma das operações de alienação (ser ou pensar, é preciso escolher) e de separação (Deus, sujeito suposto saber, fica como fiador das verdades eternas; e o homem, portanto, está separado disso) que constituem "o traçado do ato"[7] de corte do punção entre o sujeito barrado, $, e o objeto *a*[8]. Ao que me parece, isso volta a fazer do *cogito* a fantasia fundamental do sujeito da ciência, sobre o qual, diz Lacan, "operamos em psicanálise"[9]. Essa posição vai ao encontro do posicionamento de Averróis, para quem a *cogitação* "não é o efeito terminal do intelecto", mas se conecta à atividade do fantasiar[10].

O devir

Como entender agora o "devém" no "a experiência da fantasia fundamental *devém* a pulsão"?

O "devém" tem um sentido simultaneamente evolutivo e involutivo. A princípio, ou a transformação faz passar de uma organização a outra completamente diferente (um homem devém um animal); ou ela implica a passagem do latente ao manifesto (ele devém velho). Mas as duas acepções podem

---

[7]LACAN, J. (1963-1964) *O seminário, livro 11: Os quatro conceitos fundamentais da psicanálise*, 2ª ed. Trad. M.D. Magno. Rio de Janeiro: Editora Zahar, 1985, p. 161. (N. de T.)
[8]*Ibid.*, p. 210-214.
[9]LACAN, J. (1966) "A ciência e a verdade". In: LACAN, J. (1966) *Escritos*. Trad. V. Ribeiro. Rio de Janeiro: Editora Zahar, 1998, p. 873.
[10]BRENET, J.-B. *Je fantasie: Averroès et l'espace potentiel*. Paris: Verdier, 2017.

se combinar e coexistir. É esse o caso, a nosso ver, na frase citada. O "devir" implica uma temporalidade que não é forçosamente linear; ela pode incluir a antecipação e o só-depois. O inglês *to become* (*to be* = ser, *to come* = vir) diz isso bastante bem[11]. Contudo, caso se traduza o "devir" com o gerúndio *becoming*, introduz-se uma mudança no modo de pensar, que compele à objetivação[12]. O árabe também dá a ouvir a ambiguidade de "devir" com a expressão "como é que você deveio?", para dizer "como você está?"[13].

A ambiguidade inerente ao "devir" vem a calhar à relação entre fantasia e pulsão na frase de Lacan: a fantasia devém a pulsão que já estava lá na formação da fantasia, constitutiva do objeto libidinal. A fantasia se transforma na pulsão ao revelar aquilo que, desta, já estava operando.

O devir de que fala Lacan não é o retorno a um estado idêntico anterior da pulsão, mesmo se ela participou da formação da fantasia no neurótico. Nele a demanda recobre o objeto *a*, isto é, a demanda do Outro assume função de objeto causa do desejo. Isso "explica por que foi nos neuróticos que as pulsões foram descritas. Foi justamente na medida em que a fantasia ($ ◊ a) apresenta-se no neurótico, de maneira privilegiada, como ($ ◊ D)", que é a fórmula genérica da pulsão e se lê "S barrado [sujeito] corte [ou desejo] de D maiúsculo [demanda]"[14]. Como também diz Lacan, no caso do neurótico a "fantasia se

---

[11]Observação de Mary McLoughlin.
[12]CLÉRO, J.-P. *Lacan et la langue anglaise*. Toulouse: érès, 2017, p. 223; 286. Pode-se observar que o gerúndio já está incluído no *become*, que significa *come into being*.
[13]Observações de um grupo de trabalho com Jalil Bennani, no Marrocos.
[14]LACAN, J. (1962-1963) *O seminário, livro 10: A angústia*. Trad. V. Ribeiro. Rio de Janeiro: Editora Zahar, 2005, p. 77; trad. modificada.

reduz à pulsão"[15]. Se ao final da análise a fantasia fundamental *devém* a pulsão, é justamente porque ela não se *reduz* à pulsão com a qual, no entanto, ela tem ligação. Uma segunda volta foi necessária para passar da redução ao devir. Segunda volta que tem a ver com a função da demanda, servindo para definir a pulsão, e que se inscreve num movimento turbilhonário entre pulsão e fantasia.

O turbilhão da fantasia com a pulsão[16]

Lacan não formalizou o movimento turbilhonário como tal (exceto ao considerar sua gênese no duplo enganchamento do oito interior), mas o evocou com o *plano projetivo*. É com esse termo que ele designa esse lugar singular que só tem representação furada, na imersão em três dimensões dessa superfície pertencente à quarta dimensão. Nesse lugar, onde o oito interior dá a volta, o dentro da superfície se inverte com o fora:

Figura 1. Plano projetivo com o ponto-furo ou turbilhão

Esse ponto, é por ele que simbolizamos o que pode introduzir um objeto *a* qualquer no lugar do furo. Esse ponto privilegiado,

---

[15]LACAN, J. (1960) "Subversão do sujeito e dialética do desejo". In: LACAN, J. (1966) *Escritos*. Trad. V. Ribeiro. Rio de Janeiro: Editora Zahar, 1998, p. 838.

[16]Já citamos, no capítulo anterior, a passagem de *O desejo e seu interpretação* (p. 456) em que Lacan fala do turbilhão da fantasia e o associa à pulsão.

nós conhecemos as suas funções e a sua natureza: é o falo — o falo na medida em que é através dele, como operador, que um objeto *a* pode ser colocado bem lugar em que captamos, numa outra estrutura [o toro], apenas o seu contorno.

E um pouco adiante:

> Todo o corte do sujeito — aquilo que, no mundo, o constitui *separado*, como rejeitado — lhe é imposto por uma determinação não mais subjetiva (indo do sujeito em direção ao objeto), mas objetiva (do objeto em direção ao sujeito); lhe é imposto pelo objeto *a*. Mas isso na medida em que, no cerne desse objeto *a*, há esse ponto central: esse ponto *turbilhão* por onde o objeto sai de um além do nó imaginário idealista sujeito-objeto — que constituiu, desde sempre até então, o impasse do pensamento —; esse ponto central que, desse além, promove o objeto como objeto de desejo.[17]

Por outro lado, Lacan construiu um grafo que, por seu traçado de anzol — que não deixa de fazer turbilhonar fantasia e pulsão —, figura, segundo ele, um esquema da pulsão[18]:

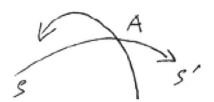

Figura 2. Pequeno traçado do grafo

---

[17]LACAN, J. (1961-1962) *Le séminaire, livre IX: L'identification*, sessão de 23 de maio de 1962, inédito.
[18]LACAN, J. (1957-1958) *O seminário, livro 5: As formações do inconsciente*. Trad. V. Ribeiro. Rio de Janeiro: Editora Zahar, 1999, p. 471.

A propósito disso, lembremos que em seu *Traité de l'amour courtois* [Tratado do amor cortês], André Le Chapelain dá como etimologia de "amor" a palavra latina *hamus*[19], que significa anzol, gancho, pois Eros apanha os corações como que com um anzol. Lacan retoma essa metáfora do anzol ao falar do "peixe que ele fisga", a propósito do vetor ΔS que fisga o vetor SS' do significante.

Em que esse grafo em forma de anzol, tendo a ver com Eros, faz turbilhonar fantasia e pulsão? É o que notamos, primeiramente, na homologia entre as duas fórmulas ($S \Diamond a$) e ($S \Diamond D$); em seguida, em razão do circuito que o grafo organiza entre elas. O parentesco entre as duas fórmulas, ambas ternárias, sela a intricação da pulsão com a fantasia. O traçado do grafo delineia uma dinâmica das suas relações:

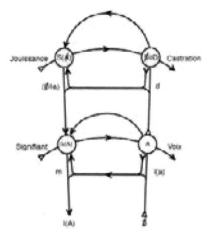

Figura 3. O grafo por inteiro (*Escritos*, p. 831).

Nas duas fórmulas há corte, simbolizado pelo punção; porém, esse corte não se efetua entre os mesmos elementos.

---

[19]CHAPELAIN, A. *Le Traité de l'amour courtois*. Genève: Librairie Klincksieck, 2002, p. 208-209.

O corte permite uma aproximação entre as fórmulas, implicado pelo fato de que "a pulsão divide o sujeito e o desejo, desejo que só se sustenta pela relação, que ele ignora, entre essa divisão e um objeto que a causa. Essa é a estrutura da fantasia"[20].

Nas duas fórmulas, o sujeito é notado como $\mathbf{S}$ todas as vezes, mas nem por isso ele tem a mesma significação[21]. Na fantasia, há um início de subjetivação graças ao objeto *a* que a representa: o objeto *a* representa o fundamento de sua subjetividade. Ainda que passe despercebido, o sujeito está sempre presente no sonho, no devaneio, num enredo. Ele é reconhecível como dividido ou duplo. É até mesmo redobrado pela fantasia de ver a fantasia.

Na pulsão, o sujeito é um aparelho, uma montagem lacunar. Ele é acéfalo, carregado pela articulação da demanda com a necessidade e o desejo. O sujeito aparece como algo de novo ao cabo dos três tempos da pulsão (ditos ativo, passivo, reflexivo), segundo a sucessão de suas fórmulas gramaticais (por exemplo: ver, ser visto, fazer-se ver). É no terceiro tempo, quando a pulsão pôde fechar seu trajeto circular, que o sujeito aparece "por não aparecer"[22], isto é, como *fading* ou *afânise*.

Limitando-nos a isso, imaginamos que o devir da fantasia fundamental na pulsão representa um percurso de *dessubjetivação* do sujeito — e, a título disso, ele vai ao

---

[20]LACAN, J. (1964) "Do "Trieb" de Freud". In: LACAN, J. (1966) *Escritos*, Trad. V. Ribeiro. Rio de Janeiro: Editora Zahar, 1998, p. 867; trad. modificada.

[21]LACAN, J. (1963-1964) *O seminário, livro 11: Os quatro conceitos fundamentais da psicanálise*, 2ª ed. Trad. M.D. Magno. Rio de Janeiro: Editora Zahar, 1985, p. 175.

[22]*Ibid.*, p. 169.

encontro daquela que se produz no *tempo lógico* do momento de concluir[23].

A fórmula (S◊D) é uma estrutura diacrônica; ela nota "o que advém da demanda quando o sujeito aí desvanece"[24]. A demanda desaparece, mas resta o corte — aquele que delimita a zona erógena.

As duas fórmulas (pulsão e fantasia) são ligadas, no grafo, por trajetos não equivalentes. Simultaneamente, coexistem no mesmo circuito e sucedem-se de várias formas. Elas se instalam no "circuito fechado" que comporta quatro termos: d, (S◊a), S(A̶) e (S◊D)[25]. Esse circuito faz cm que os dois patamares do grafo intervenham: o inferior representando o *enunciado* do sujeito e o superior, a discrepância de sua *enunciação*. Não é negligenciável, para nosso propósito, que Lacan fale disso numa passagem que diz respeito à sublimação.

O circuito passa por S(A̶), que representa um momento de significância da castração do Outro (logo, não sem relação com o falo); uma significância cujo código inconsciente é dado pela passagem pela pulsão. Segundo o grafo, o "devir" a pulsão que vem da fantasia não é linear nem unívoco: ele implica idas e vindas por essas vias com seus pontos de junção intermediários bem separados.

A fórmula da pulsão está fixada no grafo; ela também está bem enquadrada (pelos parênteses e pelo círculo) e se

---

[23]LACAN, J. (1945) "O tempo lógico e a asserção de certeza antecipada". In: LACAN, J. (1966) *Escritos*, Trad. V. Ribeiro. Rio de Janeiro: Editora Zahar, 1998, p. 210.

[24]LACAN, J. (1960) "Subversão do sujeito e dialética do desejo". In: LACAN, J. (1966) *Escritos*, Trad. V. Ribeiro. Rio de Janeiro: Editora Zahar, 1998, p. 831. (N. de T.)

[25]LACAN, J. (1958-1959) *O seminário, livro 6: O desejo e sua interpretação*, Trad. C. Berliner. Rio de Janeiro: Editora Zahar, 2016, p. 518.

encontra na encruzilhada de vários trajetos. Isso está, sem dúvida, ligado à função de "tesouro dos significantes", ou de código inconsciente, que satisfaz a pulsão (ela está, com efeito, do mesmo lado que A — situado na linha inferior).

Não ocorre o mesmo com a fórmula da fantasia, que, por sua vez, encontra-se em *suspenso*[26] numa zona intermediária entre os dois patamares do grafo; ela não está fixada na linha do grafo. Essa zona intermediária da fantasia — à qual corresponde, do outro lado, a do desejo — tem como função fazer passar de um patamar ao outro do grafo. É uma zona "em devir", diria eu, entre enunciado e enunciação.

Articulação entre a fantasia e a pulsão em *O desejo e sua interpretação*

Digamos que há duas grandes séries de etapas nessa articulação e que elas correspondem às passagens entre os dois patamares do grafo, o que se compreende na medida em que fantasia e desejo estão precisamente situados num nível intermediário entre esses dois patamares. No "devir a pulsão" da fantasia, a fantasia não desaparece: ela tem uma função de passagem para um estado Outro da pulsão.

A primeira série de etapas da constituição da fantasia fundamental está ligada à demanda do sujeito, uma demanda com a qual ele se identifica sem saber. Isso constitui correlativamente um primeiro estado da pulsão.

A demanda ganha, em seguida, um valor simbólico, e é então que ela se diferencia do objeto da fantasia (na

---

[26]Penso, aqui, numa relação com a "atenção igualmente em suspenso" (habitualmente mal traduzida por "atenção flutuante") recomendada ao analista.

medida em que, para o neurótico, o objeto de sua fantasia é a demanda do Outro) e que ela acessa o segundo patamar do grafo com a fórmula da pulsão ($\$\Diamond D$) — em que a pulsão se desdobra num dizer articulado gramaticalmente. Lacan escreve os tempos disso segundo o "algoritmo" da divisão do sujeito no lugar do Outro (A), lugar da fala — divisão pela demanda (D). O objeto *a* é o resíduo da operação de divisão:

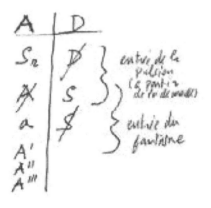

Figura 4. Um dos esquemas sincrônicos da dialética do desejo apresentados por Lacan em O desejo e sua interpretação[27], ao qual acrescentamos um comentário.

Retomemos essas duas séries de etapas. A partir da demanda em sua relação com o Outro, a divisão — notada pela barra vertical: | — cria uma relação sincrônica, a qual pode se repetir em cada um dos níveis. O Outro (A), lugar da fala, é dividido pela demanda (D); demanda que, por sua vez, nasce da necessidade. Esse Outro é representado por alguém real, "sujeito real, Sr". Ele se encontra, "pelo fato de ser interpelado na demanda, em posição propícia para fazer

---

[27]LACAN, J. (1958-1959) *O seminário, livro 6: O desejo e sua interpretação*. Trad. C. Berliner. Rio de Janeiro: Editora Zahar, 2016, p. 397.

esta passar, seja ela qual for, para um outro valor, que é o da demanda de amor, na medida em que se refere pura e simplesmente à alternância presença-ausência"[28].

A demanda de amor é, então, notada como D barrado. Ela serve de intermédio. O sujeito quer, ele próprio, se fazer reconhecer enquanto tal por esse A subjetivado (Sr), criando uma nova relação com o Outro — relação que não é somente uma demanda de amor, mas já uma demanda em instância de reconhecimento de um desejo. Mas o Outro não é um sujeito e não há Outro do Outro; não há fiador da verdade do Outro. Disso resulta, para o sujeito, uma sequência de endereçamentos ao Outro que nunca serão esgotados: A', A'', A'''... Esse eco que deixa um vazio retorna ao sujeito e marca com uma falta o seu voto de encontrar o significante que o designaria. Demanda alguma colmata essa falta. O sujeito permanece na *borda* de uma falha de nomeação. É nessa borda que ele capta ou é captado pelo objeto *a*, ele próprio definido pela sua borda. Assim se enodam o $ e o *a* da fantasia.

> É então que o sujeito convoca de outro lugar, a saber, do registro imaginário, algo de uma parte dele mesmo na medida em que ele está engajado na relação imaginária com o outro. Esse algo é o *a* minúsculo. Ele surge muito exatamente no lugar em que se coloca a interrogação do S sobre o que ele realmente é, sobre o que ele realmente quer. O que chamamos de *a* minúsculo é o objeto do desejo, sem dúvida, mas com a condição de deixarmos bem claro que, nem por isso, ele se coapta com o desejo. Entra em jogo

[28]LACAN, J. (1958-1959) *O seminário, livro 6: O desejo e sua interpretação*, Trad. C. Berliner. Rio de Janeiro: Editora Zahar, 2016, p. 398.

> num complexo que chamamos de fantasia. É nesse objeto que o sujeito encontra seu suporte no momento em que se evanesce ante a carência do significante que responda por seu lugar de sujeito no nível do Outro. [...] O que é visado no momento do desejo é, dizemos nós, uma nomeação do sujeito, que se revela falha.[29]

A fantasia não sutura o sujeito; trata-se de uma relação sincrônica na qual o objeto "supre" uma nomeação insuficiente. O sujeito é corte; ele é *inter-essado* num corte; ele se subjetiva à custa desse objeto descontado dele próprio, como o preço de um "resgate", ele próprio estruturado como corte (o seio, as fezes, o olhar, a voz — aos quais se acrescenta, nos primeiros textos de Lacan, o falo). Por isso, "na medida em que o sujeito se situa como agente na alienação da significância mediante o jogo da fala, ele se articula muito precisamente como pergunta, como enigma"[30].

É nesse momento que ocorre a entrada do sujeito numa "intenção secundária". Ele interroga as coisas em relação a ele próprio e à coerência do seu discurso; ele interroga o Outro (O que ele quer? Quem está falando? Por quê?...). Essa intenção secundária faz passar para o segundo patamar do grafo e para a fórmula da pulsão ($\$ \Diamond D$), que ganha valor de código para decifrar a coerência da cadeia significante inconsciente superior. A demanda de amor — ligada, no princípio, às necessidades e às respostas do Outro — à qual o sujeito se identifica sem recuo, sem articulá-la como tal, ganha um valor simbólico e devém um termo da articulação do desejo e de um saber sobre esse desejo.

[29]*Ibid.*, p. 404, 406.
[30]*Ibid.*, p. 421.

Retornemos ao que Lacan diz disso. A demanda (oral ou anal) assume uma função metafórica, ela devém símbolo da relação com o Outro:

A relação subjetiva com a demanda desempenha aqui a função de código, na medida em que permite constituir o sujeito como estando situado, por exemplo, no nível do que chamamos, na nossa linguagem, fase oral ou anal. Com esse código, o sujeito pode receber como mensagem a pergunta que, no para-além do Outro, conota a primeira captura do sujeito na cadeia significante. É a pergunta que vem do Outro, sobre essa linha também pontilhada, sob a forma do *Che vuoi? O que queres?*. É também a pergunta que o sujeito, sempre para além do Outro, se faz sob a forma do *É?*. A resposta está simbolizada no esquema pela significância do Outro como S(Ⱥ). Demos a essa significância, nesse nível, um sentido mais geral, no qual irá se moldar a aventura do sujeito concreto, sua história subjetiva. Na sua forma mais geral, esse sentido enuncia-se como segue: não há nada no Outro, nada na significância, que baste nesse nível da articulação significante — não há nada na significância que seja garantia da verdade —, não existe outra garantia da verdade senão a boa-fé do Outro, e esta sempre se apresenta para o sujeito sob uma forma problemática. Tudo o que o reino da fala fez surgir para o sujeito fica totalmente subordinado à fé no Outro. Isso significa que o sujeito alcançou o final de sua pergunta? É justamente aqui que chegamos à fantasia. Já lhes mostrei que a fantasia é o ponto de amarração concreto onde atracamos nas margens do inconsciente. No ponto preciso onde o sujeito não encontra nada que possa articulá-lo como sujeito de seu discurso inconsciente, a fantasia cumpre para ele o papel do suporte imaginário.[31]

O código da pulsão

Para resumir o que já se pode compreender do circuito entre a pulsão e a fantasia a partir do grafo, eu diria que a fórmula da pulsão constitui o código a partir do qual é possível interpretar esse momento de deficiência de nomeação para o sujeito, esse ponto de amarração em $S(A)$ que leva ao atamento da fantasia. Esta fornece ao sujeito um suporte para sustentar o seu desejo de interrogar o Outro, sempre a partir do código da pulsão. É nesse nível que a fantasia pode devir a pulsão. Para tanto, é preciso que a demanda tenha chegado a um segundo nível simbólico, e é nesse nível que o corte entre o sujeito e a demanda tem sentido. A demanda é elevada ao nível da consistência e da ex-sistência de A (daí o (A)); ela é uma demanda ao quadrado, elevada à segunda potência.

A pulsão desempenha a função de um código de onde, no só-depois, uma mensagem pode chegar ao sujeito. Por outro lado, esse código diferencia o objeto das pulsões não de acordo com estágios e referenciais mentais do desenvolvimento, mas segundo relações com a demanda e o desejo a partir de quatro fórmulas gramaticais: demanda *ao* Outro, para o objeto oral; demanda *do* Outro, para o objeto anal; desejo *ao* Outro, para o objeto escópico; desejo *do* Outro, para o objeto vocal.

Cada uma das pulsões segue, ela própria, um trajeto em três tempos "onde a heterogeneidade da ida e da volta

---

[31]*Ibid.*, p. 423-424.

mostra, em seu intervalo, uma hiância"[32]. O sujeito — que, no fim, aparece por não aparecer — vai se enodar ao objeto *a* para formar a fantasia. Em seguida, ele revém (isso faz parte do seu devir, ele re-devém) à pulsão em se dessubjetivando.

A consideração dos circuitos da pulsão e da fantasia também deve levar em conta o corte, notado pelo punção, que entra na composição das duas fórmulas. Acaso o corte tem o mesmo número de voltas e engendra a mesma superfície nos dois casos? Não parece que o número de voltas seja o mesmo: caso nos refiramos às voltas do furo central do toro, a volta do desejo é contada como volta a mais das voltas da demanda em torno do furo periférico. Em contrapartida, Lacan aventa que as voltas da demanda, para constituírem a banda de Moebius, devem ser em número ímpar[33].

Figura 5. Uma volta a mais do desejo sobre o toro e três voltas da demanda (e duas do desejo) sobre o toro.

Corte há nos dois casos. Ele participa da mesma ordem de divisão do sujeito e orienta-se por um fenômeno de borda, a borda de um furo.

Não é sem razão que, em 1975, Marcel Ritter pergunta para Lacan se o real do *Unerkannt* (não reconhecido) do

---

[32]LACAN, J. (1963-1964) *O seminário, livro 11: Os quatro conceitos fundamentais da psicanálise*, 2ª ed. Trad. M.D. Magno. Rio de Janeiro: Editora Zahar, 1985, p. 183; trad. modificada.
[33]LACAN, J. (1972) "O aturdito". In: LACAN, J. (2001) *Outros escritos*. Trad. V. Ribeiro. Rio de Janeiro: Editora Zahar, 2003, p. 488.

umbigo do sonho segundo Freud — isto é, do recalcamento originário — é, ou não, o mesmo que o real pulsional[34].

Em sua longa e bela resposta a Marcel Ritter, Lacan tenta diferenciar os dois — o real do furo pulsional e o real do furo do recalcado original —, ao mesmo tempo que admite haver entre eles uma "analogia". O real pulsional é reduzido à função do furo, ou seja, ao fato de que a pulsão está ligada aos orifícios corporais. A *constância* daquilo que passa por esse orifício é um elemento real. "Eu até tentei figurá-lo por algo matemático, algo que em matemática se define com o que se chama de *constante* rotacional — o que é uma boa para nos significar, aqui, que se trata daquilo que se especifica com a borda do furo", diz Lacan.

O orifício do furo do recalcado original teria de particular o fato de que haveria um fecho; mas um fecho particular que, tal como o termo "umbigo" evoca, é o de um "ponto enodado". É um orifício que se "enganchou". Em sua relação com o inconsciente, o "falasser" tem um umbigo que designa um furo, não reconhecido, *unerkannt*, por ser impossível de reconhecer. Impossibilidade de reconhecimento do inconsciente, mas também "impossibilidade de conhecer o que contempla o sexo".

Essa problemática não é alheia à da sublimação, que é uma forma de dar a volta no furo do real pulsional, mas sem dúvida não sem o recalque originário.

---

[34]LACAN, J. "Réponse de Jacques Lacan à uma question de Marcel Ritter le 26 janvier 1975", *Lettres de l'École freudienne*, n. 18, 1976, p. 7.

3

Freud, no só-depois da leitura de Lacan

Num artigo de 1908, "A moral sexual civilizada", Freud fala de uma "capacidade de sublimação" *(Fähigkeit zur Sublimierung)*:

> Essa capacidade de trocar a meta originalmente sexual por outra — não mais sexual, mas psiquicamente aparentada — chama-se "capacidade de *sublimação*". Contrastando com essa possibilidade de deslocamento, na qual reside seu valor cultural, a pulsão sexual é também suscetível de tenazes fixações, que a tornam inaproveitável e ocasionalmente fazem com que ela degenere nas assim chamadas anormalidades.[1]

---
[1] FREUD, S. (1908) "A moral sexual 'civilizada' e a doença nervosa moderna". In: *Obras completas*, vol. 8: "O delírio e os sonhos na *Gradiva*,

Falar em uma "capacidade de" já é tomar o ponto de vista do sujeito sublimante, e não substancializar o conceito. Também se vê que a sublimação pode assumir a forma de sintomas (as "anormalidades"). Por fim, pode-se perceber certa hesitação de Freud em relacionar a sublimação ao não sexual com o emprego da palavra "aparentada" (*verwandtes*). Não há parente fora do sexual.

Eu sustento que é ao manter o eixo da referência sexual que a sublimação encontra um embasamento praticável que dissipa as confusões às quais a noção deu lugar, e que giram em torno de três temas: a idealização, a dessexualização e a significação do valor cultural e das metas sociais.

A dessexualização

Freud monta uma lista de quatro destinos da pulsão sexual: a reversão em seu contrário, o retorno em direção à própria pessoa, o recalque e a sublimação. Lembremos que paralelamente, para Freud, a pulsão designa uma força libidinal constante no limite do somático e do psíquico:

> Voltando-nos agora do lado biológico à observação a partir da vida anímica, então nos aparece a "pulsão" como um conceito fronteiriço entre o anímico e o somático, como representante psíquico dos estímulos oriundos do interior do corpo que alcançam a alma, como uma medida da exigência de trabalho imposta ao anímico em decorrência de sua relação com o corporal.[2]

Análise da fobia de um garoto de cinco anos e outros textos". Trad. P. C. de Souza. São Paulo: Companhia das Letras, 2015, p. 368; trad. modificada.
[2]FREUD, S. (1915) *As pulsões e seus destinos*. Trad. P. H. Tavares. Belo Horizonte: Autêntica Editora ("Obras Incompletas de Sigmund Freud"), 2013, p. 23-25.

Ele propõe quatro termos para abordá-la:

1. A pressão (*Drang*) é a força ou a medida de exigência de trabalho, a impulsão que ela exerce. É uma força constante, esse ponto é capital. Lacan a associa, com a fonte, ao Teorema de Stokes.
2. A meta (*Ziel*) é sempre a satisfação.
3. O objeto (*Objekt*) é o que há de mais variável. Quando a ligação entre pulsão e objeto é muito estreita, fala-se em "fixação".
4. A fonte (*Quelle*), por fim, é o órgão ou a parte do corpo de onde a excitação parte. Dela fazem parte as zonas erógenas. Segundo Freud, o que distingue os efeitos psíquicos das diversas pulsões deixa-se reduzir à diferença das fontes pulsionais.

A pulsão é uma montagem com a qual Freud procura cingir o mecanismo e a função com esses termos. Mas eles não permitem objetivá-la. Ela se furta à representação. Manifesta-se, sobretudo (isso é sensível na clínica), através das suas consequências, dos seus efeitos, dos seus resultados; e também, diz Freud, através da força oriunda da sua fonte — que Lacan remete à borda de seu furo.

Segundo Lacan, como apontamos na Introdução, a sublimação "revela a natureza própria ao *Trieb*"[3].

Entre os quatro destinos da pulsão sexual distinguidos por Freud, a sublimação caracteriza-se por se realizar sem recalcamento. E, no entanto, ela é "inibida em sua meta"[4]

---

[3]LACAN, J. (1959-1960) *O seminário, livro 7: A ética da psicanálise*, 2ª ed. Trad. A. Quinet. Rio de Janeiro: Editora Zahar, 2008, p. 137.
[4]FREUD, S. (1915) *As pulsões e seus destinos*, Trad. P. H. Tavares. Belo Horizonte: Autêntica Editora ("Obras Incompletas de Sigmund Freud"),

e é "capaz de realizações muito distantes das ações originais, orientadas a determinadas metas"[5]. Que pensar dessas aparentes contradições, visto que a meta de uma pulsão é a satisfação sexual?

A ideia de contradição é nutrida pela asserção de Freud segundo a qual a palavra "amar", que liga o eu ao seu objeto sexual, "só começa com a síntese de todas as pulsões parciais da sexualidade sob o primado dos órgãos genitais e a serviço da função reprodutora"[6]. O reconhecimento de realizações de metas "com valor social reconhecido" vem reforçar a crença numa dessexualização da sublimação. Mas será que essa crença não é bastante frágil, se ela repousa na finalidade de uma "síntese de todas as pulsões parciais"? Será que o pai da psicanálise podia, ele próprio, acreditar numa síntese como essa? Não é porque, na sublimação, a pulsão é inibida quanto à "síntese" de todas as pulsões parciais que ela pode ser chamada de "dessexualizada". Devemos nos surpreender com o fato de que a sublimação começa com a sexualização da fala?

Lacan recusou essa noção de dessexualização em dois momentos.

Primeiro, ao precisar que o sentido da "meta" (a satisfação) da pulsão nem é tanto o do *goal* (o ponto marcado), mas o do *aim*, ou seja: o trajeto de ida e volta ligado à fonte, a zona erógena, que constitui a borda de um furo em relação com os

---

2013, p. 25 — as aspas estão no texto de Freud. Lacan diz "desviada". Cf. LACAN, J. (1968-1969) *O seminário, livro 16: De um Outro ao outro.* Trad. V. Ribeiro. Rio de Janeiro: Editora Zahar, 2008, p. 209.

[5]FREUD, S. (1915) *As pulsões e seus destinos*, Trad. P. H. Tavares. Belo Horizonte: Autêntica Editora ("Obras Incompletas de Sigmund Freud"), 2013, p. 35. (N. de T.)

[6]*Ibid.*, p. 59; trad. modificada. Cf. também "A moral...", *op. cit.*, p. 371.

orifícios do corpo[7]. Isso não significa que o *aim* substituiria o *goal*, que, por conta disso, perderia o seu poder de atração, pois o *goal* indica o lugar da hiância da relação sexual. Ele conserva uma função motora nas buscas do sujeito por respostas no que se refere aos enigmas do sexo. O "procurar" e o "achar" do sujeito compõem uma dialética feita de *aim* e *goal*[8].

Num segundo momento, Lacan traz o argumento decisivo, a saber: que as pulsões não se reúnem sob o primado dos órgãos genitais com vistas à função de *reprodução*. Lacan faz sua a afirmação, presente no próprio Freud, de que a sexualidade só é representada pelas pulsões parciais e que nenhum termo é fiador da identidade do masculino ou do feminino. É o que constitui o ponto de partida do enunciado *não há relação sexual*: não há escrita de um conjunto "homens" e de um conjunto "mulheres" tais que se possa fazer corresponder os gozos dos elementos de um conjunto com os dos elementos do outro.

Esse enunciado confere sentido e alcance à afirmação segundo a qual a sublimação corresponde ao destino da pulsão sexual sem recalcamento, mas inibida quanto à meta, sem contradição; e explica que a sublimação diz respeito a uma primeira escrita da não relação sexual, como veremos.

A idealização

Idealização e sublimação são duas noções distintas que, no entanto, podem se cruzar, ficando difíceis de desemaranhar.

---

[7]LACAN, J. (1963-1964) *O seminário, livro 11: Os quatro conceitos fundamentais da psicanálise*, 2ª ed.. Trad. M.D. Magno. Rio de Janeiro: Editora Zahar, 1985, p. 170.
[8]Esse ponto foi desenvolvido na comunicação de Marguerite Charreau realizada no seminário de 3 de maio de 2017, promovido por Edit Mac Clay e eu na Associação Encore.

A Sublimação, uma erótica para a psicanálise

Freud as opõe claramente: a idealização faz com que a identificação do sujeito intervenha em seu objeto e ela está a serviço do eu, o que favorece o recalcamento; a sublimação concerne à meta da pulsão e pode satisfazer as exigências do eu sem provocar recalcamento[9]. Nesse sentido, opondo-se à idealização, a sublimação pode suspender o recalque. Resta determinar se uma renegação pode, eventualmente, favorecer uma sublimação.

O exemplo do amor cortês mostra o emaranhamento possível da idealização com a sublimação. Por um lado, pode-se considerar que a Dama é idealizada; mas, por outro, é ao fazer com que ela ocupe o lugar da Coisa, que ela é sublimada. Há idealização da beleza e das qualidades da Dama, mas ela não se limita a ser o reflexo casto de uma ideia platônica. Para que haja sublimação, é preciso que o poeta ame essa Dama com um amor carnal e dela espere favores. Ele não encontra o inacessível da Ideia, mas um impossível no cerne do amor. Com Lacan se pode, por exemplo, opor ao amor cortês a relação idolátrica do pai de Hamlet com a mulher dele[10].

A derivação para metas sociais reconhecidas

Muitos mal-entendidos acompanham essa cláusula segundo a qual a sublimação "situa metas sociais acima das sexuais"[11], nas palavras de Freud.

[9]FREUD, S. (1914) "Introdução ao narcisismo". In: *Obras completas*, vol. 12: "Introdução ao narcisismo, Ensaios de metapsicologia e outros textos". Trad. P. C. de Souza. São Paulo: Companhia das Letras, 2010, p. 40-41.
[10]LACAN, J. (1962-1963) *O seminário, livro 10: A angústia*. Trad. V. Ribeiro. Rio de Janeiro: Editora Zahar, 2005, p. 363.
[11]FREUD, S., *Obras completas*, vol. 13: "Conferências introdutórias à psicanálise". Trad. S. Tellaroli. São Paulo: Companhia das Letras, 2014, p. 459.

Não basta produzir uma obra de arte (mais ou menos bem-sucedida) para falar em sublimação. Permanecendo na ótica da produção de uma obra ou de um resultado (ao que a problemática da sublimação não se limita), a questão que se coloca é a de como e por que ela é reconhecida. Evocar metas sociais coloca ênfase no fato de que a sublimação não é somente um processo individual, mas se realiza com outros. Mas em que relações com esses outros?

É sugestivo, a esse respeito, notar que a primeira ocorrência do termo "sublimação" ocorre a propósito do caso Dora, na mesma época em que os *Três ensaios sobre teoria da sexualidade* (1905), e concerne à transferência:

> Outras [transferências] são feitas de modo mais engenhoso, sofrem uma atenuação do conteúdo — uma *sublimação*, como eu digo — e podem se tornar conscientes apoiando-se em alguma peculiaridade real (habilmente utilizada) da pessoa ou da situação do médico. Já não são reimpressões, mas edições revistas.[12]

Se não se trata, certamente, de uma generalização a partir de todo tipo de transferência, o fato de associar transferência e sublimação inscreve essa última em função de um laço social sincrônico — aqui, analista-analisante — e torna ambas síncronas. Essa indicação nos convida a indagar a respeito do modo específico da sublimação para o analista, o que veremos adiante.

---

[12]FREUD, S. ([1901]1905) "Análise fragmentária de uma histeria (O caso Dora)". In: *Obras completas*, vol. 6: Três ensaios sobre a teoria da sexualidade, Análise fragmentária de uma histeria (O caso Dora) e outros textos. Trad. P. C. de Souza. São Paulo: Companhia das Letras, 2016, p. 312; trad. modificada.

Várias questões se colocam. Todos os laços sociais, todos os discursos, todas as sociedades, numa mesma época ou em épocas diferentes, não se referem aos mesmos valores, e obras reconhecidas num caso não o são necessariamente noutro. Se elas não o são, acaso isso invalida que se trate de sublimação?

Por outro lado, o reconhecimento deve concernir a um produto, a um resultado ou ao trajeto para ocorrer? A participação daqueles que lhes conferem reconhecimento desempenha um papel?

As obras de doentes mentais ficam de fora da sublimação? No entanto, às vezes elas são, na sua época ou posteriormente, socialmente reconhecidas: citemos, por exemplo, as de Marcel Bascoulard, Laure Pigeon, Hodinos, Wölfi, Bispo... Essa temática impõe a questão das relações entre sublimação e sintoma, que retomaremos com o caso de Joyce.

Afirmarei que a referência a um valor social deve precisar o tipo de laço social em que a sublimação tem efeito. Pode-se, com Freud e Lacan, detectar ao menos três tipos de laço: os quatro discursos (cinco, caso se acrescente o discurso capitalista), a massa, o coletivo.

No que concerne aos discursos, isso exigiria um desenvolvimento particular. Digamos simplesmente que é possível se perguntar se acaso não haveria formas de sublimação próprias a cada discurso.

Retenhamos, aqui, mais particularmente a massa — dita "generalidade" — e o coletivo, sabendo que essas formas de laço social podem atravessar os discursos, ou até impedir ou favorecer a passagem de um a outro. Lacan dá uma definição em "O tempo lógico": "a *coletividade* [...] se define como um grupo formado pelas relações recíprocas de um número definido de indivíduos, ao contrário da *generalidade*, que se define como uma classe que abrange abstratamente um número indefinido de indivíduos"[13]. E: "O coletivo não é nada além do sujeito do individual"[14]. Aproximo a generalidade da massa tal cujo esquema Freud apresentou em *Psicologia das massas e análise do eu*. É um laço social fundado na idealização; por conseguinte, ele vai num sentido contrário à sublimação — que o coletivo, em contrapartida, favorece. Com efeito, o coletivo define um laço social que possibilita a sobrevinda do sujeito do inconsciente, caso se levem em conta os seus três tempos lógicos (instante de ver, tempo para compreender, momento de concluir) e os seus momentos de escansão significante. É uma lógica que encontra aplicações concretas em coletivos analíticos tais como os cartéis ou o passe, que estabelecem laço entre a intensão e a extensão da psicanálise.

Nessa perspectiva, Lacan designou a matriz ternária da formação do inconsciente do *Witz* como modelo para a sua proposição sobre o passe[15]. O laço do coletivo com o *Witz* (chiste) pode fazer com que se considere esse último como uma forma de sublimação. Não é um acaso Freud ter intitulado o capítulo V do seu livro sobre o chiste como "O chiste como processo social"[16]. O chiste corresponde a relações recíprocas de um número definido de indivíduos: funda-se

---

[13]LACAN, J. (1945) "O tempo lógico e a asserção de certeza antecipada". In: LACAN, J. (1966) *Escritos*. Trad. V. Ribeiro. Rio de Janeiro: Editora Zahar, 1998, p. 212.
[14]*Ibid.*, p. 213, n. 6; trad. modificada.
[15]LACAN, J. "Discours à l'EFP du 6 décembre 1967", *Scilicet* 2/3, 1970, p. 13.
[16]FREUD, S. *Obras completas*, vol. 7: "O chiste e sua relação com o inconsciente". Trad. F. C. Mattos; P. C. de Souza. São Paulo: Companhia das Letras, 2017, p. 199.

em relações ternárias, o que o distingue do binário cômico. Ele necessita, para se realizar, da existência de uma terceira pessoa (*dritte Person*). Terceira pessoa que Lacan identifica ao Outro da fala; Outro que, como terceiro, advém na relação imaginária eu/eu-ideal no grafo ou no Esquema L. O prazer do *Witz* não "só se consuma no e pelo Outro". Ele é solidário do A, que é encarregado de autenticá-lo. Na primeira linha do grafo, a instituição do A coexiste com a consumação da mensagem — um e outro se determinam sincronicamente[17]. Daí a possibilidade de neologismos que formam chistes (como no exemplo de *familionário*) e metáforas.

[17]LACAN, J. (1957-1958) *O seminário, livro 5: As formações do inconsciente*. Trad. V. Ribeiro. Rio de Janeiro: Editora Zahar, 1999, p. 94-105.

4

Uma nova definição da sublimação por Lacan

A Coisa, *das Ding*

Desde o seu primeiro seminário em 1952, Lacan começa a se interessar pela sublimação. Distinguirei vários tempos fortes na evolução de seu ensino sobre o assunto:

- um primeiro, em 1953, em *Os escritos técnicos de Freud*, quando situa a sublimação do lado do simbólico;
- o seminário *O desejo e sua interpretação*, quando estabelece as bases de uma nova abordagem;
- *A ética da psicanálise*, quando formula uma definição concisa da Coisa e toma como paradigma o amor cortês;
- o seminário de 1964, *Os quatro conceitos fundamentais da psicanálise*, quando retorna à sublimação ao mesmo

tempo em que afirma a pulsão como um dos fundamentos da psicanálise;

- *La logique du fantasme* [A lógica da fantasia], em 1967, e *De um Outro ao outro*, em 1969, quando liga a sublimação à escrita da divisão harmônica, prefigurando o que irá dizer sobre a não relação sexual;
- após 1970 ele já não fala diretamente em sublimação, mas continua a tomar o exemplo do amor cortês. A meu ver, o seminário *O sinthoma*, em 1975, relança a questão da relação entre sinthoma e sublimação, ainda que ele não fale disso diretamente.

No fim do seminário *O desejo e sua interpretação* — ou seja, logo antes de *A ética da psicanálise* — Lacan enuncia algumas afirmações que se mostram decisivas para o que se segue. Primeiramente, esta: "A sublimação se situa como tal no nível do sujeito lógico, ali onde se instaura e se desenrola tudo o que é, propriamente falado, trabalho criador na ordem do *logos*"[1]. Antes de sua definição (em 1962) de sujeito representado por um significante para um outro significante, o dito sujeito lógico havia ganhado forma no tempo lógico.

Em seguida, ainda no mesmo seminário, Lacan estabelece o laço entre pulsão e fantasia (sustentáculo do desejo), ao definir a sublimação "como a forma mesma em que se cunha o desejo". É uma forma vazia, onde a pulsão sexual se esvazia da "substância da relação sexual"[2]. A sublimação não é como o próprio desejo, mas como a forma pulsional na qual ele se

---

[1]LACAN, J. (1958-1959) *O seminário, livro 6: O desejo e sua interpretação*. Trad. C. Berliner. Rio de Janeiro: Editora Zahar, 2016, p. 518. (N. de T.)
[2]*Ibid.*, p. 517 [Embora o autor aponte que as citações vêm em seguida, ela precede a citação anterior (N. de T.)].

UMA NOVA DEFINIÇÃO DA SUBLIMAÇÃO POR LACAN

cunha. Para empregar um termo filosófico, poderíamos dizer que a sublimação é o desejo em potência.

A forma na qual "o desejo se cunha" marca um lugar vazio que Lacan chama de "Coisa", *das Ding*, e é em relação a ela que ele define a sublimação em seu seminário A *ética da psicanálise:* "A fórmula mais geral que lhes dou da sublimação é esta: ela eleva um objeto — e aqui não fugirei às ressonâncias de trocadilho que pode haver no emprego do termo que vou introduzir — à dignidade da Coisa"[3]. Pode-se erigir um paralelo com o desejo, que convoca o falo: "O desejo visa ao falo na medida em que ele deve ser concebido como dádiva. Para esse fim, é preciso que o falo, ausente — ou presente noutra parte —, seja conduzido ao nível da dádiva"[4]. Decerto, "ser elevado à dignidade de" e "ser conduzido ao nível de" não são sinônimos. Mas as duas expressões são vizinhas e isso cria um cruzamento entre a Coisa e o falo. Participando da Coisa, o falo é elevado à dignidade de dádiva de amor, na medida em que amar é dar o que não se tem e que a "carta de amor" (segundo Lacan) se enuncia assim: "eu te demando que recuse aquilo que te ofereço [...] porque não é isso.". Essa frase reúne três verbos ternários e serve de suporte para a primeira apresentação feita por Lacan do atamento dos três anéis do nó borromeano[5]. A aproximação entre o falo e a Coisa indica que há algo do sexual do lado "gozo" na Coisa. "a relação da sublimação

[3]LACAN, J. (1959-1960) *O seminário, livro 7: A ética da psicanálise*, 2ª ed. Trad. A. Quinet. Rio de Janeiro: Editora Zahar, 2008, p. 137; trad. modificada. O trocadilho aqui é o de *dign*-idade e *Ding*.
[4]LACAN, J. (1956-1957) *O seminário, livro 4: A relação de objeto*. Trad. D. D. Estrada. Rio de Janeiro: Editora Zahar, 1995, p. 144; trad. modificada.
[5]LACAN, J. (1971-1972) *O seminário, livro 19: ...ou pior.* Trad. V. Ribeiro. Rio de Janeiro: Editora Zahar, 2012, p. 78-90.

A SUBLIMAÇÃO, UMA ERÓTICA PARA A PSICANÁLISE

com o gozo — na medida em que ele é gozo sexual, já que é disso que se trata — só pode ser explicada pelo que chamarei, literalmente, de anatomia do vacúolo". Lacan não hesita em fazer o paralelo entre o vacúolo da Coisa investida pelo objeto *a* o órgão vestibular da dáfnia excitado pela limalha de ferro: "O objeto *a* desempenha esse papel em relação ao vacúolo. Dito de outro modo, ele é o que comicha *das Ding* por dentro"[6].

O que é a Coisa? Lacan extrai *das Ding*, a Coisa, do "Projeto de uma psicologia", de Freud[7]. O termo designa o que, na sequência da experiência de satisfação e da ação específica, refere-se a "o recordar e o julgar", no que concerne tanto ao próximo, o *Nebenmensch*, quanto à identidade de percepção (fazer coincidir imagens do seio de frente e de perfil).

> o complexo do próximo divide-se em duas partes, uma das quais se impõe por meio de uma estrutura *constante* [grifo nosso] permanecendo junta como coisa (*Ding*), enquanto a outra é *compreendida* pelo trabalho recordativo, isto é, pode ser rastreada até uma mensagem do próprio corpo.[8]

Ding designa um real do objeto, um "Outro absoluto do sujeito"[9], e se opõe a outras palavras que designam "objeto":

---

[6]LACAN, J. (1968-1969) *O seminário, livro 16: De um Outro ao outro*, Trad. V. Ribeiro. Rio de Janeiro: Editora Zahar, 2008, p. 227; trad. modificada.
[7]FREUD, S. (1895) "Projeto de uma psicologia" [trad. O. F. Gabbi Jr.]. In: O. F. Gabbi Jr., *Notas a Projeto de uma psicologia*. Rio de Janeiro: Imago, 2003, p. 171-260.
[8]*Ibid.*, p. 208; trad. modificada.
[9]LACAN, J. (1959-1960) *O seminário, livro 7: A ética da psicanálise*, 2ª ed. Trad. A. Quinet. Rio de Janeiro: Editora Zahar, 2008, p. 68. (N. de T.)

Objekt (objeto em sua oposição a sujeito), *Sache* (termo jurídico, objeto num circuito simbólico, objeto de conflito), *Gegenstand* (o que se coloca diante do sujeito, questão). Como sublinha Jean-Pierre Dreyfus, uma palavra tão vaga quanto *das Ding* é conveniente para designar uma estrutura constante (*konstante Strucktur*). *Ding* não é localizável no aparelho psíquico apresentado no "Projeto", é uma forma subtraída da imagem; ela é comum ao estado de desejo e aos complexos perceptivos[10].

A Coisa conjumina o que há de mais íntimo para o sujeito — e que é o lugar de um gozo — a uma exterioridade radical. É o que Lacan chama de *extimidade*. Ela é tanto o real do sujeito quanto o real com que ele lida como lhe sendo exterior[11]. É um extrassignificado, é o Outro absoluto, pré-histórico, do qual fala Freud em sua carta a Fliess de 6 de dezembro de 1896. Os significantes do princípio de prazer giram em torno sem atingi-la; o objeto que a ocupa está por reencontrar (*wiederzufinden*), muito embora jamais tenha sido perdido: "O objeto é, pela sua natureza, um objeto reencontrado. Que ele tenha sido perdido é a consequência disso — mas só depois. E, portanto, ele é reencontrado sem que nós saibamos — a não ser por esses reencontros — que ele foi perdido"[12]. Desencontros, portanto.

O vazio da Coisa confunde-se com a origem do significante: *ex nihilo*. Há identidade entre a moldagem do significante e a introdução, no real, de uma hiância, de um

---

[10]FREYFUS, J.-P. "Remarques sur *das Ding* dans l'*Esquisse*", *Littoral*, n. 6, 1.982.

[11]LACAN, J. (1959-1960) *O seminário, livro 7: A ética da psicanálise*, 2ª ed. Trad. A. Quinet. Rio de Janeiro: Editora Zahar, 2008, p. 144.

[12]*Ibid.*, p. 68, 145.

A Sublimação, uma erótica para a psicanálise

furo: O vaso é "um objeto feito para representar a existência do vazio no centro do real que se chama 'Coisa'; esse vazio, tal como se apresenta na representação, apresenta-se efetivamente como um *nihil*, como nada"[13]. O vaso, significante moldado, é a noção de criação *ex nihilo*. O vazo está sempre vazio, pois ele é moldado para criar o vazio que ele vai circunscrever. A criação *ex nihilo* designa uma retirada de Deus em sua criação divina, uma separação em relação a ela. Ela significa que há um vazio no Outro[14]. "A perspectiva criacionista é a única que permite entrever a possibilidade da eliminação radical de Deus"[15].

O termo "Coisa" sustenta a nova definição da sublimação. Lacan coloca a questão que reconecta a sublimação ao *ex nihilo*:

> Esse campo que chamo de "campo da Coisa", esse campo onde se projeta algo além, na origem da cadeia significante — lugar onde tudo o que é lugar do ser é posto em causa; lugar eleito onde se produz a sublimação, da qual Freud nos apresenta o mais maciço exemplo [com a noção de "pulsão de morte", "sublimação criacionista"] —, de onde é que saem a sua perspectiva e a sua noção?[16]

A nova definição da sublimação precisa sua intensão — fazendo-a rodopiar em torno do vazio da Coisa — e amplia

---

[13]*Ibid.*, p. 148; trad. modificada.
[14]CAUSSE, J.-D., "Le concept de création *ex nihilo* et ses enjeux cliniques". In: VINOT, F.; VIVÈS, J.-M., *Les médiations thérapeutiques par l'art*. Toulouse: érès, 2014.
[15]LACAN, J. (1959-1960) *O seminário, livro 7: A ética da psicanálise*, 2ª ed. Trad. A. Quinet. Rio de Janeiro: Editora Zahar, 2008, p. 256.
[16]*Ibid.*, p. 257; trad. modificada.

a sua extensão, visto que inclui, segundo Lacan, além da invenção da pulsão de morte, a invenção do "Nome-do-Pai em sua função significante"[17].

Essa Coisa, da qual todas as formas criadas pelo homem são do registro da sublimação, será sempre representada por um vazio, precisamente pelo fato de que ela não poder ser representada por outra coisa; ou, mais exatamente, de ela só poder ser representada por outra coisa. Mas em toda forma de sublimação o vazio será determinante[18].

"Elevar um objeto à dignidade da Coisa"

Como entender essa fórmula? Isso não significa, ao que me parece, colocar um objeto num pedestal, pendendo acima dos outros objetos — o que equivaleria a uma idealização. Lacan deixa escapar certa ironia com o termo *dignidade*, aliás, por conta de seu parentesco fônico com *Ding*. Talvez a idealização não seja de se jogar fora em certos casos, especialmente o das obras de arte, cujo valor é socialmente reconhecido. Mas ela representa, assim, uma face da sublimação que enseja o engodo. É assim que se pode ler esta outra passagem onde Lacan fala da sublimação em A *ética da psicanálise:*

No nível da sublimação, o objeto é inseparável de elaborações imaginárias e, muito especialmente, culturais. Não que a coletividade as reconheça simplesmente como objetos úteis — ela encontra aí o campo de descanso pelo qual pode, de algum modo, engodar-se a respeito de *das Ding;*

[17]*Ibid.*, p. 173.
[18]*Ibid.*, p. 158; trad. modificada.

A SUBLIMAÇÃO, UMA ERÓTICA PARA A PSICANÁLISE

colonizar, com as suas formações imaginárias, o campo de *das Ding*. É nesse sentido que as sublimações coletivas, socialmente aceites, se exercem.[19]

Esses elementos que Lacan chama então de "imaginários" assumem o lugar de objetos *a* na fantasia ($S \Diamond a$); eles imaginarizam o objeto *a*.

Em *De um Outro ao outro*, o propósito vai na mesma linha, mas com a diferença de que o objeto em questão é diretamente nomeado "objeto *a*". O objeto *a* se aloja no vacúolo da Coisa, chegando a comichar por dentro, como a limalha de ferro que teria substituído o otólito de uma dáfnia: "O objeto *a* desempenha esse papel em relação ao vacúolo. Dito de outro modo, ele é o que comicha *das Ding* por dentro. Aí está. É isso que constitui o mérito essencial de tudo o que chamamos de obra de arte"[20].

Em "elevar um objeto à dignidade da Coisa", entendo "elevar" no sentido matemático de elevar a uma segunda potência[21]. O objeto de que se trata faz as vezes de objeto *a*; e a sua falta no início, visto que é só-depois que ele é dito perdido, é redobrada pela marca de um vacúolo: o vazio da Coisa — o vazio do gozo que não se alcança a partir do princípio de prazer.

Ao mesmo tempo em que se aloja no vacúolo da Coisa, um objeto devém objeto a e a Coisa advém. Mais tarde Lacan escreve *acoisa*, "o que quer dizer que ela [a Coisa]

---

[19]*Ibid.*, p. 123; trad. modificada.
[20]LACAN, J. (1968-1969) *O seminário, livro 16: De um Outro ao outro*, Trad. V. Ribeiro. Rio de Janeiro: Editora Zahar, 2008, p. 227; trad. modificada.
[21]Cf. o Capítulo V, onde o objeto *a* é elevado ao quadrado no cálculo da divisão harmônica.

está ausente ali onde ocupa seu lugar"[22]. Há sincronia entre a "elevação", o advento do objeto *a* e a Coisa como tais. Moustapha Safouan questiona a respeito de saber "se a sublimação é uma elevação do objeto à categoria da Coisa ou, mais exatamente, uma produção desta graças à impossibilidade de algumas reduções — como as da visão ao olhar, do espaço ao lugar ou, ainda, da luz à oscilação"[23]. A elevação do objeto (por impossibilidade de reduções) é síncrona com a produção da Coisa.

Ao situar a *tendência* (da pulsão) no segundo patamar do grafo, o da articulação significante inconsciente, Lacan nos diz que "a sublimação é a satisfação da tendência na mudança de seu objeto, este sem recalcamento". Mas não há objeto novo. O objeto, pode-se dizer, é a mudança de objeto; ou, ainda, a mudança *do* objeto que é elevado à dignidade de Coisa. E isso em virtude do fato de que a tendência "já é profundamente marcada pela articulação do significante"[24].

> Na definição da sublimação como satisfação sem recalcamento há, implícita ou explícita, passagem do não saber ao saber — reconhecimento do fato de que o desejo nada mais é que a metonímia do discurso da demanda. É a mudança como tal. Insisto: essa relação propriamente metonímica de um significante com o outro, que chamamos de "desejo",

[22]LACAN, J. (1970-1971) *O seminário, livro 18: De um discurso que não fosse do semblante.* Rio de Janeiro: Editora Zahar, 2009, p. 71; trad. modificada.
[23]SAFOUAN, M., *Dix conférences de psychanalyse.* Paris: Fayard, 2001, p. 87.
[24]LACAN, J. (1959-1960) *O seminário, livro 7: A ética da psicanálise,* 2ª ed. Trad. A. Quinet. Rio de Janeiro: Editora Zahar, 2008, p. 343-344; trad. modificada.

não é o objeto novo, nem o objeto de antes — é a mudança de objeto em si mesma.[25]

Lacan dá o exemplo do "comer" na fórmula "comer o livro" (Apocalipse segundo São João). O livro ganha o valor de uma incorporação do significante como suporte da criação apocalíptica.

"Comer" (no infinitivo) é a expressão do desejo, e realizar o desejo é algo que se faz numa perspectiva de *condição absoluta*, ainda que a demanda esteja aquém e além dela mesma[26]. De modo que "a questão da realização do desejo se formula necessariamente numa perspectiva de Juízo Final"[27].

Isso aclara uma primeira definição da sublimação por Lacan em *O desejo e sua interpretação*: ela é o "que possibilita que desejo e letra se equivalham"[28].

"Comer o livro" representa a metonímia mais extrema do nosso ser e do nosso não ser, disso que corre por baixo da cadeia significante constitutiva do desejo, e a sublimação é sua abordagem. Ela faz com que se toque com o dedo "o que Freud quer dizer quando fala de sublimação como de uma mudança, não de objeto, mas de meta. Isso não se vê de imediato"[29].

---

[25]*Ibid.*, p. 344; trad. modificada.

[26]Retomaremos esse ponto no Capítulo VIII.

[27]LACAN, J. (1959-1960) *O seminário, livro 7: A ética da psicanálise*, 2ª ed. Trad. A. Quinet. Rio de Janeiro: Editora Zahar, 2008, p. 345.

[28]LACAN, J. (1958-1959) *O seminário, livro 6: O desejo e sua interpretação*, Trad. C. Berliner. Rio de Janeiro: Editora Zahar, 2016, p. 517.

[29]LACAN, J. (1959-1960) *O seminário, livro 7: A ética da psicanálise*, 2ª ed. Trad. A. Quinet. Rio de Janeiro: Editora Zahar, 2008, p. 376; trad. modificada.

"Comer o livro" não faz devir livro — nem faz o livro devir carne, acrescenta Lacan —, mas "o livro *me* devém"[30]. A ação (o verbo no infinitivo) precede o sujeito. Isso tem um preço. Uma libra de carne — isto é, uma parcela de gozo — não recuperável, como na religião.

A sublimação não é uma mudança de objeto, mas mudança *do* objeto. Todavia, a mudança de objeto também desempenha um papel. Ele se deve ao que Freud chamou de *plasticidade das pulsões* e que, de minha parte, relaciono com aquilo que Lacan chama de "conexão dos objetos *a*". Eles são quatro, não justapostos na inércia, mas presos em relações de tipo "grupo algébrico", cujo elemento neutro pode ser identificado ao falo. Retomando os termos de Lacan, poderíamos dizer que a sublimação eleva um objeto à dignidade do grupo de uma conexão de objetos *a* na estrutura constante da Coisa. A mudança do objeto — elevado à dignidade de Coisa — opera-se através do advento de um objeto *a* numa estrutura de grupo de objetos *a*.

A constância da pulsão e o Teorema de Stokes

Entre os elementos que compõem, segundo Freud, a montagem da pulsão, Lacan insistiu particularmente na constância da pressão (*Drang*) da pulsão, a qual ele vincula à sua fonte (*Quelle*), localizando-a em orifícios do corpo que constituem borda — termo a ser entendido em seu sentido matemático, por intermédio do Teorema de Stokes. Essa constância chama ainda mais a nossa atenção por ser o qualificativo empregado por Freud para designar a natureza da Coisa: sua estrutura constante. Avento, então, que através

---

[30]*Idem.* (N. de T.)

dessa característica a sublimação também se vincula à pulsão e revela a sua natureza própria[31].

Dizer que a pulsão é uma força constante significa, primeiro, que ela não é o instinto e que ela não é redutível a uma necessidade. Não é uma função biológica que teria um ritmo, tampouco uma energia cinética ou uma força de impacto momentânea que se descarrega com um movimento[32]. A pulsão vem do interior do organismo, dela não se pode fugir. A erupção (*Schub*) da pulsão, ou libido, assemelha-se não uma descarga, mas a um órgão, a uma superfície que ordena um campo de forças[33].

Não vamos nos esquecer de que existe na pulsão um fator quantitativo de energia. Ele "constitui o peso clínico de cada um dos casos que temos de manejar"[34]. Mas será que se trata, então, de uma força contínua? "Constante" seria sinônimo de "contínua"? Se é uma força mensurável, até mesmo mensurante, como é que ela é?

Avancemos passo a passo. Se o peso clínico não depende de uma descarga da pulsão, mas de uma constância desta, para aferir esse peso é preciso referir-se à estrutura de borda da pulsão, de abertura/fechamento.

---

[31]*Ibid.*, p. 137.

[32]LACAN, J. (1963-1964) *O seminário, livro 11: Os quatro conceitos fundamentais da psicanálise*, 2ª ed., Trad. M.D. Magno. Rio de Janeiro: Editora Zahar, 1985, p. 157.

[33]LACAN, J. ([1960]1964) "Posição do inconsciente". In: LACAN, J. (1966) *Escritos*. Trad. V. Ribeiro. Rio de Janeiro: Editora Zahar, 1998, p. 861.

[34]LACAN, J. (1963-1964) *O seminário, livro 11: Os quatro conceitos fundamentais da psicanálise*, 2ª ed. Trad. M.D. Magno. Rio de Janeiro: Editora Zahar, 1985, p. 154; trad. modificada. Para Aristóteles, a *energeia* (ato) opõe-se à *dynamis* (potência). Cf. AGAMBEN, G. *Le feu et le récit*. Paris: Payot et Rivages, 2015, p. 108.

[...] o que caracteriza o *Drang*, a pressão da pulsão, é a constância mantida, que é, para tomar uma imagem que vale o que vale, da dimensão de uma abertura, até certo ponto individualizada, variável: isto é, as pessoas têm — quer mais, quer menos — uma boca grande[35].

E isso concerne também aos analistas.

"Da dimensão de uma abertura" é para ser tomado ao pé da letra: a abertura, isto é, a borda da hiância da zona erógena, dá a medida do peso clínico. A abertura, constante da pulsão, é dimensionante. A boca — "quer mais, quer menos" — grande é a abertura da boca; para comer, decerto, mas também pedir e se fazer ouvir. As pulsões são intricadas com uma função particular da pulsão invocante.

Já em seu seminário *A relação de objeto*, quando de considerações sobre a energia da libido, Lacan havia frisado que o cálculo de uma energia (por exemplo, a elétrica, a partir de um fluxo aquático) dependia do dispositivo para mensurá-la — no caso, a usina[36]. A energia só começa a ser levada em conta a partir do momento em que nós a mensuramos, em que usinas começam a funcionar. A usina é construída a partir de dois pontos de referência de um trabalho feito — por exemplo, os níveis superior e inferior do reservatório.

A energia não é o "gênio" da corrente fluvial. Já é preciso um sistema significante para falar dela. No que concerne à energia da libido, a usina é, segundo Freud, o *Es*, o *isso*, que

---

[35]LACAN, J. (1963-164) *O seminário, livro 11: Os quatro conceitos fundamentais da psicanálise*, 2ª ed. Trad. M.D. Magno. Rio de Janeiro: Editora Zahar, 1985, p. 162; trad. modificada. Cf. o artigo de SALVADERO, J. "La plus ou moins grande gueule des analystes", *Essaim*, n. 36, 2016.
[36]LACAN, J. (1956-1957) *O seminário, livro 4: A relação de objeto*. Trad. D. D. Estrada. Rio de Janeiro: Editora Zahar, 1995, p. 43-44.

fabrica, transforma, acumula a energia. O *isso* é, segundo ele, o reservatório das pulsões parciais que são articuladas, organizadas. As pulsões são a usina que organiza e acumula a energia. Elas não são somente mensuráveis, mas também *mensurantes*. Não se trata de mensurar a energia da pulsão, mas de conceber a montagem da pulsão como medida da energia libidinal. A necessidade da medida não provém da vontade de uma pessoa, mas do próprio funcionamento do "princípio de prazer", que tende a limitar o excesso de prazer que arrisca fazer transbordar para um "além do princípio de prazer", lugar do gozo. Não se trata de inventar medidas da pulsão que dariam um ar científico à psicanálise, mas de encontrar boas medidas que regulem o princípio de prazer e seu além.

Para Freud, a fonte está localizada num órgão ou uma parte do corpo cuja excitação é representada, na vida psíquica, pela pulsão. As ditas "zonas erógenas" podem estar em qualquer lugar, podendo o corpo inteiro devir zona erógena[37] — algumas zonas, contudo, estando predestinadas a essa função.

Lacan, de sua parte, limita as zonas erógenas a quatro (talvez seja preciso concebê-las como genéricas), definidas como bordas de buracos do corpo: oral, anal, escópico, auditivo. É precisamente para deslindar a importância da estrutura de borda que Lacan se refere ao Teorema de Stokes[38],

---

[37]FREUD, S. (1940) *Compêndio de psicanálise*. Trad. P. H. Tavares. Belo Horizonte: Autêntica Editora ("Obras Incompletas de Sigmund Freud"), 2014, p. 31.

[38]Encontramos referências implícitas ou explícitas a esse teorema em "Posição do inconsciente" (*Escritos*, Trad. V. Ribeiro. Rio de Janeiro: Editora Zahar, 1998, p. 861); *O seminário, livro 11: Os quatro conceitos fundamentais da psicanálise* 2ª ed. Trad. M.D. Magno. Rio de Janeiro: Editora Zahar, 1985, p. 162-163); *L'inconscient: 6e congrès de Bonneval* (Paris: Desclée de

pois, diz ele, "a estrutura de borda" tem de ser "tomada no sentido matemático"[39]. Essa estrutura se aplica também às zonas erógenas no sentido freudiano, caso se as considerem zonas delimitadas por uma curva *fechada*.

Até hoje poucos matemáticos são capazes de explicar a fórmula de Stokes a neófitos[40]. Lacan dá uma definição que toca o essencial, estipulando que, sendo o rotacional de um vetor-campo

> articulado pelas derivadas de suas componentes, demonstra--se que a circulação desse vetor numa linha *fechada* é igual ao fluxo de rotacional que se engendra a partir da superfície que se apoia nessa linha como borda. Isto é, que, ao postular assim esse fluxo como invariante, o teorema estabelece a noção de um fluxo "através" de um circuito orificial, ou seja, tal que a superfície de partida já não é levada em conta.[41]

No caso da pulsão, o fluxo é a libido, como órgão, superfície que ordena um campo de forças e que se apoia na borda

---

Brouwer, 1966, p. 168) e *De um Outro ao outro* (Trad. V. Ribeiro. Rio de Janeiro: Editora Zahar, 2008, p. 223-224). Cumpre saber que a fórmula dita "de Stokes" levou muitos anos para chegar à sua escrita definitiva, e que ela precisou da convergência de muitas dezenas de matemáticos. "Ela passou, de fato, por muitas coisas que a transformaram: vindo da física para se tornar um objeto matemático dos mais abstratos, assumiu as mais variadas formas" (AUDIN, M. *La formule de Stokes, roman*. Paris: Cassini, 2016, p. 21).

[39]LACAN, J. (1968-1969) *O seminário, livro 16: De um Outro ao outro*, Trad. V. Ribeiro. Rio de Janeiro: Editora Zahar, 2008, p. 223.

[40]Agradeço Olga Markova pelas explicações que ela nos deu quando de um seminário ministrado com Edit Mac Clay.

[41]LACAN, J. ([1960]1964) "Posição do inconsciente". In: LACAN, J. (1966) *Escritos*, Trad. V. Ribeiro. Rio de Janeiro: Editora Zahar, 1998, p. 861, n. 7; trad. modificada.

fechada da zona erógena, através da qual o fluxo passa. O trajeto em duplo enganchamento da pulsão redobra a borda (delimitando a zona erógena) da hiância do furo, seguindo um trajeto que re-torna, contornando o objeto[42].
A fórmula de Stokes concerne ao cálculo de uma quantidade de fluxo que passa através de um anel num volume e tempo dados. Ela afirma a equivalência entre esse volume (três dimensões) e uma superfície (duas dimensões); daí, entre essa superfície e a curva *fechada* (uma dimensão) sobre a qual ela se apoia. Calcula-se a tensão da superfície com o auxílio de vetores dos quais se tira a integral; trata-se de uma zona de tensão constante de fluxo dito "rotacional" (como o de um moinho) equivalente à que se pode calcular a partir dos vetores da linha de borda dessa superfície:

- V: vetor
- d: derivada (mensurando a inclinação da tangente num ponto dado)
- dl: linha de borda
- dS: superfície
- S: integral dos vetores

Figura 1. Representação esquemática da superfície (dS) com a linha de borda (dl) e os vetores (V).

---

[42]LACAN, J. (1963-1964) *O seminário, livro 11: Os quatro conceitos fundamentais da psicanálise*, 2ª ed. Trad. M.D. Magno. Rio de Janeiro: Editora Zahar, 1985, p. 171.

Quando se fala em fluxo, num instante *t*, há uma borda; e o fluxo condicionado pela borda é constante. A constância da força da zona curva mede-se a partir da integral dos vetores que lhe estão associados. É uma zona de tensão constante. Ao incluir no cálculo a derivada (d), a fórmula dá um alcance literal à *deriva* da pulsão. O termo *deriva* pode traduzir para o francês o termo inglês *drive*, que traduz o *Trieb* alemão.

A borda da hiância da fonte de onde provém a constância da pressão da pulsão, ou a pulsão como constante, está referida ao furo dos orifícios do corpo, mas não deve ser encarada com demasiadas representações, como se pudéssemos vê-la ou tocá-la. Não mais que *das Ding* e sua constância, a pulsão não tem — fora de seus orifícios — localização anatômica.

Sua borda não constitui apenas limite entre dentro e fora do corpo, mas, como diz Freud, entre psíquico e somático. Em termos lacanianos, poderíamos dizer: entre saber e gozo, corpo e inconsciente; ou entre real, simbólico e imaginário. Dois enunciados de Lacan reúnem a noção de limite a propósito da pulsão: "a pulsão, por si só, designa a conjunção da lógica com a corporeidade"[43]; "a pulsão é o eco no corpo do fato de que há um dizer"[44].

A força constante designa "a tensão estacionária" desse limite que corresponde à pressão da libido; limite que, redobrado, é o do trajeto da pulsão — e que é notado pelo punção, ◊, da fórmula ($\$◊D$):

---

[43]LACAN, J. (1968-1969) *O seminário, livro 16: De um Outro ao outro*, Trad. V. Ribeiro. Rio de Janeiro: Editora Zahar, 2008, p. 223.
[44]LACAN, J. (1975-1976) *O seminário, livro 23: O sinthoma*. Trad. S. Laia. Rio de Janeiro: Editora Zahar, 2007, p. 18; trad. modificada.

Figura 2. Punção e traçados da pulsão.

O punção designa uma figura topológica que pode ser a de uma superfície. Ora, as superfícies topológicas são identificadas não por medidas quantitativas, métricas, mas por números que representam invariantes qualitativas. Por exemplo, chama-se de "gênero" ou "número de conexão" o número máximo de curvas fechadas, disjuntas ou não, traçáveis sobre a superfície sem segmentá-la. Essas curvas são trajetos de corte. Para a esfera, não há trajeto de corte *fechado* sem segmentação — logo, o número desses cortes é igual a 0 —; para o toro, há duas possibilidades de trajeto de corte sem segmentação — logo, o "número de conexão" é igual a 2.

Acaso não se poderia considerar que um invariante topológico corresponde a uma medida da constante da pulsão e, portanto, à medida de sua energia? A pulsão, isto é, sua constância, seu corte, é a usina que fabrica a energia e a torna fluida. A "boca grande" não é mensurável pela medida da abertura da boca, mas pelo tipo de corte e o número de voltas que é preciso para engendrar uma superfície que se apoia numa hiância.

A constância é a cifra de uma tensão mantida, repetida entre a lógica e o corpo, o saber e o gozo — a tensão de uma hiância (um corte), a mesma do sujeito.

Continuidade e descontinuidade da pulsão

Se a constância está ligada à borda do furo da pulsão, isso cria descontinuidade. Haveria na pulsão algo de contínuo e algo de descontínuo, a exemplo da luz composta de ondas e partículas. De igual maneira, a fórmula de Einstein e $= mc^2$ abole a distinção absoluta entre o contínuo (a radiação) e o descontínuo (a matéria)[45].

Acontece que Lacan opera uma aproximação entre a constância da pulsão e a teoria dos *quanta*, mais precisamente a constante de Planck:

> A libido em Freud é uma energia passível de uma quantimetria mais fácil ainda de introduzir na teoria por ser inútil, já que nela só são reconhecidos alguns *quanta* de constância. Sua coloração sexual, tão formalmente sustentada por Freud como inscrita no que há de mais íntimo em sua natureza, é cor-de-vazio: suspensa na luz de uma hiância.[46]

"Cor-de-vazio": que belo oximoro! Cor luminosa e, no entanto, invisível.

Na teoria dos *quanta*, as trocas entre matéria e energia não se dão de forma contínua, mas descontínua, por pacotes de *quanta*, segundo a fórmula de Planck: $\Delta E = nhv$, em que ΔE = energia; n = número inteiro positivo; h = constante de Planck; v = frequência da radiação.

A luz é composta de fótons, portadores de um *quantum* de energia, que agem de forma descontínua.

Por sua constância, a pulsão constitui uma unidade de medida entre psíquico e somático, entre gozo do corpo e linguagem. Unidade de medida que depende do real de

---

[45]Cf. BALIBAR, F., *Einstein 1905. De l'éther aux quanta*. Paris: Presses Universitaires de France, 1992.

[46]LACAN, J. (1964) "Do "Trieb" de Freud". In: LACAN, J. (1966) *Escritos*, Trad. V. Ribeiro. Rio de Janeiro: Editora Zahar, 1998, p. 865; trad. modificada.

uma hiância cuja borda constitui limite — hiância que conjumina tanto a continuidade quanto a descontinuidade da pulsão. A fórmula ($0D) conjumina essas duas noções opostas.

A descontinuidade da pulsão como limite de uma tensão constante afere a descontinuidade das pulsões parciais, isto é, que representam apenas parcialmente a função sexual e inscrevem-se na descontinuidade entre desejo e gozo. A descontinuidade se deve à existência de cada uma das pulsões, assim como às passagens de uma a outra — em razão da plasticidade pulsional. Essa passagem não é determinada por um processo da ordem do desenvolvimento, como supunha Karl Abraham, mas por saltos "quânticos" da demanda e do desejo: demanda ao Outro (pulsão oral) e do Outro (pulsão anal), desejo ao Outro (pulsão escópica) e do Outro (pulsão invocante).

Ao cabo deste capítulo persiste, decisiva, uma pergunta: pode-se legitimamente falar em constância da pulsão, caso não se forneça a cifra da constante? A constante de Planck em física tem um valor fundador para a teoria dos *quanta*. O próprio Lacan insistiu quanto à importância da determinação da constante para a energética: "O que é chamado de 'energética' não passa da manipulação de um certo número de números do qual se extrai um número constante. Freud, referindo-se à ciência tal como era concebida em sua época, referia-se a isso"[47]. E um pouco mais adiante: "O que constitui, em si, a energética é que é preciso achar um truque para obter a constante"[48].

---

[47]LACAN, J. (1975-1976) *O seminário, livro 23: O sinthoma*, Trad. S. Laia. Rio de Janeiro: Editora Zahar, 2005, p. 126; trad. modificada.
[48]*Ibid.*, p. 129.

Então, qual é a constante da pulsão? Qual é o seu "*quantum* de constância"?

É o que vou expor no próximo capítulo.

5
Mensurar o efeito de perda

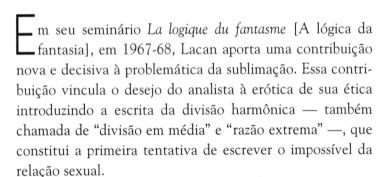

Em seu seminário *La logique du fantasme* [A lógica da fantasia], em 1967-68, Lacan aporta uma contribuição nova e decisiva à problemática da sublimação. Essa contribuição vincula o desejo do analista à erótica de sua ética introduzindo a escrita da divisão harmônica — também chamada de "divisão em média" e "razão extrema" —, que constitui a primeira tentativa de escrever o impossível da relação sexual.

A leitura do seminário *La logique du fantasme* é particularmente árdua em razão da novidade de seu aporte, com explicações difíceis de acompanhar. Além disso, trata-se de um seminário até hoje não publicado, cujas transcrições consultáveis comportam diversas obscuridades, ou até confusões. Foi por isso que efetuei simplificações: para facilitar a leitura daqueles que querem se reportar a esse seminário, e para dele extrair os resultados que são importantes para o que proponho.

Vou expor, primeiramente, os princípios gerais da escrita da divisão harmônica; depois, a forma como Lacan a utiliza; e, por fim, a interpretação que ele faz dela e o discurso que ela sustenta.

Um modo de pensar matemático

No caso da divisão harmônica — que Lacan chamará de "desarmônica", justamente — o impossível rima com o incomensurável. Não há medida comum entre, de um lado, o Um de uma suposta união dos gozos sexuais entre homem e mulher; e, de outro, a perda do objeto a, causa de desejo ou mais-gozar. Tampouco há medida comum entre esse Um e o falo, que separa os sexos em sua relação com ele mais do que os complementa.

Será uma questão de medida, de relação, de partilha, de proporção, de equivalência..., termos da linguagem corrente empregados para falar das relações sexuais, mas que Lacan vara ao pé da letra e da cifra matemáticas — como, aliás, na expressão "sentar a vara", em que "vara" evoca a antiga unidade de medida.

Por que essa assimilação do matemático ao sexual? O ponto de partida do cálculo da divisão harmônica é, em psicanálise, o fato de levar em conta a repetição. A própria palavra sugere a ideia de contagem. Com a aritmética, Lacan retorna ao fundamento da repetição. Seremos mais precisos no capítulo seguinte.

Passar pela literalidade matemática, ou mesmo aritmética, não é, em 1966, um procedimento novo para Lacan. Lembremo-nos de seu estudo sobre o número treze e a forma lógica da suspeita, que data de 1946[1]. Esse texto, aliás, faz parte — com "O tempo lógico" — de seus trabalhos sobre a lógica coletiva; logo, ele é suscetível de concernir à sublimação.

Em *De um Outro ao outro*, em 22 de janeiro de 1969 — e justamente quando ele retoma o cálculo da divisão harmônica —, podemos captar, no ato, o modo de pensar matemático de Lacan. Ele começa enunciando nessa sessão do seminário que "o mais difícil de pensar é o Um"[2]. De fato, três anos depois, ele dedicará todo o seu seminário *...ou pior* para pensá-lo. Voltaremos a isso. Por ora, ele aponta que a abordagem moderna do Um é "escritural"[3], razão pela qual ele extraiu de Freud o traço unário, o *einziger Zug*. Ele afirma, como princípio, que é a partir dele que é preciso confrontar o efeito de perda que resulta da determinação significante do sujeito, a qual se repete. "Se há uma atividade cujo ponto de partida se baseia na assunção da perda, é justamente a nossa, na medida em que, na abordagem de qualquer regra — isto é, de uma concatenação significante —, trata-se de um efeito de perda"[4]. Um efeito de perda que não é de ordem imaginária, mas simbólica. "Esse efeito simbólico inscreve-se no vazio que se produz entre o corpo e seu gozo"[5]. A incidência do traço unário marca, agrava ou determina essa hiância.

---

[1]LACAN, J. (1945-46) "O número treze e a forma lógica da suspeita". In: LACAN, J. (2001) *Outros escritos*. Trad. V. Ribeiro. Rio de Janeiro: Editora Zahar, 2003, p. 91-105.

[2]LACAN, J. (1968-1969) *O seminário, livro 16: De um Outro ao outro*. Trad. V. Ribeiro. Rio de Janeiro: Editora Zahar, 2008, p. 119. (N. de T.)

[3]*Idem*. (N. de T.)

[4]*Ibid.*, p. 124; trad. modificada.

[5]*Ibid.*, p. 125. (N. de T.)

Disso resulta "uma *relação* entre o efeito da perda (a saber, o objeto perdido, enquanto o que designamos como *a*) e o lugar chamado de "Outro", sem o qual ele não teria como se produzir — lugar ainda não conhecido e não *mensurado*"[6]. O efeito de perda suscita um desejo, justamente o de mensurar essa perda... no intuito de colmatá-la. O desejo procura uma medida da perda que o origina.

As noções de medida, de relação, de repetição convocam uma aritmética. Qual? Ela permanece opaca, habitualmente. E como poderia ser diferente, se não se encontra a boa relação? Mas é possível encontrar?

É nesse ponto que Lacan constata que "tem algo muito estranho aí. Já existe uma proporção nas cifras; quero dizer: nos sinais escritos com os quais articulamos a própria ideia de medida"[7]. Uma proporção já nos números coincide com a medida do efeito de perda na repetição. Isso não significa que as palavras ou números são consequência das coisas — o que Lacan recusa (contrariando Dante)[8] — mas, sim, que haveria uma ressonância entre a razão do inconsciente e a da matemática (razão justamente com o sentido de *logos*, relação).

A medida — e esse é um argumento suplementar para recorrer a ela — é inerente ao pensar; pensar é mensurar, como diz o latim (cf. Capítulo II). Não se pode dissociar a operação do pensamento do cálculo, da divisão e da perda.

---

[6] *Idem*; trad. modificada (grifo nosso).
[7] *Idem*; trad. modificada.
[8] LACAN, J., "L'insu que sait de l'une-bévue s'aile à mourre", *L'unebévue*, n. 21, 2004.

A divisão harmônica em seu princípio geral

Para Lacan, a proporção "já nos números" que corresponde à medida exata do efeito da perda determinada pela repetição é a da divisão, dita "harmônica", em razão média e extrema.

Não é primeira vez — em 1967, em *La logique du fantasme* — que Lacan se refere a essa proporção, mas é a primeira vez que, por assim dizer, ele a toma ao pé da letra e dela se serve como algoritmo, fórmula operatória da qual tira consequências inéditas para a psicanálise — especialmente a de pensar (*pensare* e *putare*) a divisão do sujeito em sua relação com o Outro (A), bem como o valor do resto, *a*, para abordar a sublimação.

Antes de examinar essas consequências, façamos o levantamento de algumas particularidades da divisão em razão média e extrema, ou divisão harmônica — da qual se sabe que engendra o *número de ouro*, que desempenhou um grande papel em pintura e em arquitetura.

Algumas definições, primeiramente. "A relação entre dois números não é nada além do valor que deve ser atribuído a um desses números se o outro é tomado como *unidade* de medida. Esse valor recebe um nome que é a 'razão' (o *logos*)"[9]. A partir disso, *alogon* significa o que não tem razão, o que é irracional — ou seja, sem medida comum com o Um. É o caso de $\sqrt{2}$, que é a medida da diagonal de um quadrado de lado 1. Não é um valor em si, é relativo: caso se afirme o valor 1 para a diagonal, é o lado do quadrado que terá um valor irracional, $\sqrt{2}/2$:

---

[9]MICHEL, P.H., *De Pythagore à Euclide*. Paris: Les Belles Lettres, 1950, p. 415. Tomamos emprestado dessa obra a maioria das nossas referências à divisão harmônica.

Figura 1. Representação geométrica de √2.

Passemos agora às divisões possíveis entre grandezas e às relações que se pode escrever delas tendo a proporção como condição, isto é, a igualdade entre duas relações. Tomemos, para tanto, um segmento de reta dividido em dois: ou a divisão é simétrica e os dois segmentos são iguais; ou a divisão é assimétrica, e entre os modos de divisão há um que é digno de nota — aquele em que o segmento grande (b) está para o pequeno (c) como a soma deles (a) está para o grande, sabendo que b + c = a: b/c = b + c/b = a/b

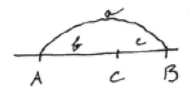

Figura 2. Representação esquemática dos segmentos sobre uma reta.

Um dos valores da proporção (dita "mediedade") consiste na relação (b+c) entre b e c. À relação dos dois termos b e c acrescenta-se a condição de que a soma deles seja o terceiro termo, a. Foi o que fez com que Platão proclamasse, no *Timeu* (31b-32a), a excelência dessa mediedade. É notável que há algo de borromeano nessa união de dois termos por um terceiro que é a relação entre eles.

Essa proporção tem de extraordinário o fato de que a sua solução é um número irracional com múltiplas propriedades, o número de ouro. Isso aparece tão logo, por exemplo, se atribua ao segmento (a) o valor da unidade.

Nessa divisão se afirma, então, que a = 1 — o que chamamos de "termo maior" —; então (b), dito "termo médio" (ou segmento maior) = √5-1/2 = 0, 618... E (c), dito "termo menor" (ou segmento menor) = 3-√5/2.

Esses valores são suscetíveis de uma construção geométrica, como √2 com o quadrado e sua diagonal, mas mais complicada. Não a figuraremos aqui.

O número de ouro[10] é o valor único que resulta do cálculo dessa proporção, é um número irracional que não tem medida comum com 1. Ele é o inverso — no sentido matemático de que 1/x é o inverso de x — do termo médio (0,618...) e, portanto, vale: Φ = 1/0,618... = 1,618...

Pode-se representar de forma esquemática — não é a construção geométrica exata — os diferentes valores da proporção:

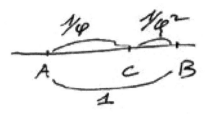

Figura 3.

Além do fato de ser um número irracional, o número de ouro tem propriedades características em relação à unidade; propriedades às quais Lacan irá recorrer, como veremos.

---

[10]Derivado do termo "secção áurea", utilizado por Leonardo da Vinci. No início do século XX os matemáticos representaram-no através da letra Φ. Não se deve confundi-la com a mesma letra phi, Φ — que, em psicanálise, representa o falo.

Multiplicado pela sua diferença com a unidade, ele resulta num produto igual à unidade: Φ (Φ-1) = 1.

Por outro lado, é elevado ao quadrado se lhe acrescentamos a unidade: Φ+1 = Φ². Isso corresponde ao desdobramento da propriedade anterior[11].

Φ é, sobretudo, o ponto de partida de uma progressão geométrica que se define pelo fato de que a razão (ou relação entre um termo qualquer e o termo anterior) permanece a mesma[12]. Essa razão é uma constante[13], e ela é igual ao próprio Φ, o termo sobre o qual a progressão opera: ...1/Φ², 1/Φ, 1, Φ, Φ²...

Da constância da razão dessa progressão resulta o fato de que, ao repetir a operação de adição dos termos médio e menor da mediedade (ou proporção) primitivamente dada, obtém-se o termo maior da mediedade superior, e assim por diante:

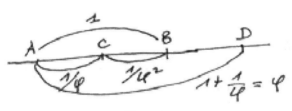

Figura 4.

---

[11]Acaso isso não ressoa a elevação do objeto à dignidade da Coisa, tal como a interpretamos? Elevar um objeto à dignidade de Coisa seria, então, acrescentar-lhe a unidade, o *mais-um* que especifica o sujeito do inconsciente.

[12]Numa progressão aritmética, a razão não permanece a mesma: cada termo é a soma dos dois anteriores.

[13]Não seria o caso de escutar aqui, mais uma vez, uma outra ressonância com a constante da pulsão, diferente da que vimos anteriormente e ligada à Coisa como estrutura constante?

Os três termos da primeira mediedade que escolhemos sendo $1/\Phi^2$, $1/\Phi$ e 1, os três seguintes são: $1/\Phi$, 1 e Φ. Ao repetir a operação, isto é, ao acrescentar o termo médio ao maior, obtém-se uma terceira mediedade: 1, Φ, $1+\Phi$.

Dado que $1+\Phi = \Phi^2$, os termos da progressão estudada são as potências de Φ e do seu inverso, $1/\Phi$, o que redunda em dizer que o número Φ é justamente a razão da progressão que opera sobre o termo Φ. Assim Φ, o número de ouro, está em dois lugares: o do termo da progressão e o da sua razão.

As propriedades de Φ mostram que se pode partir de qualquer lugar na progressão geométrica sem alterar as relações entre os termos da divisão, isto é, sem modificar a sua razão.

Nessa progressão, cada um dos termos é igual à soma dos dois anteriores, o que é o caso das progressões aritméticas. A progressão do número de ouro é, pois, simultaneamente geométrica e aritmética. É uma verdadeira *analogia* (do grego: *ana* +*logos*), uma identidade de relações. E sua razão é Φ.

Há uma série aritmética célebre, a de Fibonacci, com números inteiros: F = 1, 1, 2, 3, 5, 8, 13, 21... Ela não possui razão constante. Todavia, quando se calcula as relações dos termos consecutivos, constata-se que, se essas relações diferem entre si, elas tendem muito rapidamente a um número que é o número Φ (1,618...) — este servindo como limite na relação. Observa-se que as aproximações da relação ocorrem alternadamente por falta e por excesso.

Pode-se também partir da série de Φ e ir ao encontro da série F. Ao calcular os valores aproximados das potências de Φ, constata-se que elas tendem a números inteiros e que a sua série tende a devir racional e a se confundir com uma série fibonacciana cujos termos iniciais seriam 1 e 3.

A divisão harmônica revista por Lacan

O fato de que se possa partir de qualquer lugar na progressão geométrica de Φ sem alterar sua razão autoriza Lacan a atribuir ao início dessa progressão valores diferentes daqueles que habitualmente encontramos e por mim expostos. É um ponto que pode confundir os leitores de seu seminário.

Assim, notamos na Figura 2 que se está atribuindo o valor 1 àquilo que se chama "termo maior", AB; e, a partir daí, determinando os valores de AC (termo médio ou segmento maior) e cb (termo menor ou segmento menor).

Lacan toma um outro ponto de partida na progressão. Ele começa atribuindo o valor 1 àquilo que, no exemplo anterior, representava o termo médio ou segmento maior, e invertendo a ordem do esquema. É, então, ao segmento CB — que devém segmento maior ou termo médio — que é atribuído o valor 1:

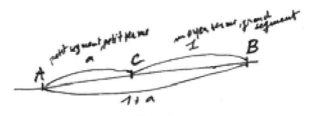

Figura 5.

No caso da figura, a proporção da divisão harmônica resulta como valor para o segmento AC, o termo menor (ou segmento menor): 0,618... É o inverso do número de ouro, e é ele que Lacan faz equivaler ao objeto *a* e que ele nota, então, com a letra *a*. O termo maior do exemplo anterior, AC+CB, devém então igual a 1+a. Lacan respeita justamente a condição da divisão harmônica: segmento maior/

segmento menor = segmento menor + segmento maior/segmento maior, ou seja: $1/a = 1+a/1$.

O valor 0,618... que Lacan atribui ao objeto a nesse caso corresponde ao termo médio (segmento maior) das Figuras 1 e 2 e é o inverso do número de ouro: objeto $a = 1/\Phi$.

A primeira progressão de Φ que apresentei compreendia os valores: $1/\Phi^2$, $1/\Phi$, 1. Lacan opta por inserir uma ligeira diferença na progressão, fixando os valores: $1/\Phi$, 1, Φ — fazendo do 1 o termo médio entre $1/\Phi$ e Φ. A identificação de $1/\Phi$ ao objeto a permite escrever essa progressão: a, 1, 1+a.

Por que essa escolha de Lacan?

Ela lhe permite fazer uma representação esquemática, numa linha, dessa progressão, "projetando" ou "rebatendo" o segmento que simboliza o a sobre o que simboliza o 1, no interior (razão média) ou no exterior (razão extrema) deste.

Esse esquematismo não passa de uma representação imagetizada do *cálculo* entre o 1 e o valor de a, isto é, da *medida da relação* do 1 com o a. Referido à psicanálise, como veremos adiante, o 1 é o Um do traço unário, valendo como o lugar do Outro com o qual se mensura o efeito de perda de gozo determinado pela incidência do significante.

O esquema das figuras expostas por Lacan não procura representar a construção geométrica do número de ouro — o que, por sinal, pode ser feito. Ele é um suporte para a compreensão do *cálculo*, com números inteiros e irracionais, da divisão em razão *média e extrema*, bem como um suporte para a compreensão das séries crescentes de 1+a (divisão externa, em razão extrema) e decrescente de 1–a (divisão interna, em razão média):

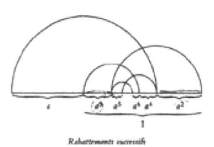

Figura 6. Gráfico da p. 129 de *De um Outro ao outro* ou de 14 de junho de 1967, em *La logique du fantasme*. Rebatimento de *a* sobre 1 (razão média).

A divisão interna corresponde ao "rebatimento" de a sobre 1, ou subtração de a ao 1 — da qual, aplicando a equação da divisão harmônica, resta a^2: $1-a = a^2$. O rebatimento seguinte de a^2 sobre a (ou seja, a subtração $a-a^2 = a(1-a) = a^3$) deixa o resto a^3; depois o rebatimento de a^3 deixa a^4, e assim por diante... As séries de valores de a se fazem na seguinte ordem, figurada na linha do segmento contado como 1: a^3, a^5... a^6, a^4, a^2.

Isso faz com que ocorra uma distribuição das potências pares e ímpares de a de um lado e do outro de um ponto de junção convergente das potências pares e ímpares de a. A adição de a^2 e a tende ao limite 1 sem nunca atingi-lo, visto que a é um número irracional. Essa é uma outra forma de abordar o campo do Outro como Um; uma forma outra que não aquela em que ele se inscreve como traço unário: "ao adicionar separadamente, de um lado as potências pares, de outro as potências ímpares, encontramos, efetivamente, a medida do campo do Outro como 1, que é diferente de sua pura e simples inscrição como traço unário"[14].

---

[14]LACAN, J. (1968-1969) *O seminário, livro 16: De um Outro ao outro*, Trad. V. Ribeiro. Rio de Janeiro: Editora Zahar, 2008, p. 130.

A sucessão das potências pares e ímpares de a inscreve-se numa série decrescente de a; uma série que tende a 0, mas não o atinge.

O "rebatimento" também pode ser feito por fora dos segmentos a e 1 escolhidos inicialmente. Aí não se trata, então, de subtrair a de 1, mas de adicionar a a 1: 1+a. Prolonga-se, desse modo, a adição inicial de a e 1, adição que se inscreve sempre na divisão em razão média e extrema. É a divisão "externa". Aí está sua esquematização numa reta:

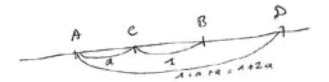

Figura 7. Rebatimento de a no exterior de 1 (razão extrema).

As novas relações de termos estão sempre numa proporção que satisfaz a equação fundamental $1/a = 1+a$. A série dos termos que começa com $1+a$ será, então, a partir de 1: $1/a, 1/a^2, 1/a^3, 1/a^4$... Se adicionamos esses termos, obtemos uma série crescente que tende ao infinito.

Os dois tipos de séries, crescente (a série de $1+a$) e decrescente (a série de $1-a$), não têm, para Lacan, a mesma significação: a série decrescente está relacionada com a sublimação e a crescente, com a perversão — mais particularmente o masoquismo. Mas como ambas participam da mesma divisão, isso pode causar confusões na clínica, especialmente no que concerne às posições do analisante e do analista.

Lacan distingue dois tipos de cálculo do campo do Outro que permitem mensurar o efeito de perda: o que se refere ao traço unário, o 1, e o de uma adição das potências pares e ímpares de a — ou seja, de $a+a^2$, no caso da divisão interna, subtraindo a de 1. Mas é um 1 que a soma dos a nunca atinge. Daí a passagem para a divisão externa, 1+a, na expectativa de atingir o Um do gozo: "porque é do *a*, em sua relação com o 1, que podemos esperar, de uma forma analógica, mensurar o que acontece com o Um do gozo em relação a essa soma supostamente realizada"[15]. Um do gozo que seria o Um antes do 1 da inscrição do Outro.

Figura 8. Esquema de *De um Outro ao outro*, p. 132.

Lacan chama esse gozo de "gozo masoquista" e o qualifica como *analógico*, termo que nos remete diretamente à *analogia* da progressão da divisão harmônica: "Nele, o sujeito assume analogicamente a posição de perda, de dejeto, representada pelo *a* no nível do mais-gozar"[16]. Ele constitui o Outro como um campo articulado nos moldes do contrato, assim como Gilles Deleuze evidenciou em seu *Sacher-Masoch*[17]. "O sujeito joga com a proporção que se furta, aproximando-se do gozo pelo caminho do mais-gozar"[18]. Ele procura completar o Outro suplementando-o com um objeto *a*, a voz.

---

[15]*Ibid.*, p. 131; trad. modificada.
[16]*Ibid.*, p. 132; trad. modificada. (N. de T.)
[17]DELEUZE, G. (1967) *Sacher-Masoch*. Trad. J. Bastos. Rio de Janeiro : Editora Zahar, 2009.
[18]LACAN, J. (1968-1969) *O seminário, livro 16: De um Outro ao outro*, Trad. V. Ribeiro. Rio de Janeiro: Editora Zahar, 2008, p. 132; trad. modificada. (N. de T.)

> Um certo masoquismo moral só pode se basear nesse pico da incidência da voz do Outro, não no ouvido do sujeito, mas no nível do Outro que ele instaura como sendo completado pela voz. [...] o eixo de gravidade do masoquista atua no nível do Outro e da reposição, nele, da voz como suplemento — não sem que seja possível certa derrisão, que aparece nas margens do funcionamento masoquista.[19]

Inversamente à perversão, mas sem *analogia* (proporção) com ela — para retomar o termo de Lacan (justificado pelo cálculo da progressão da divisão harmônica) —, a sublimação ocupa o campo da série decrescente da relação do objeto *a* com 1 (partindo de 1—a); ou seja, da repetição da tentativa de cingir, cada vez mais perto, a falta, simbolizada pelo incomensurável objeto *a*. Essa repetição é portadora de satisfação e é o que tentaremos expor no próximo capítulo.

A cifra da constante da pulsão

Antes disso, volto aqui à questão deixada em suspenso no capítulo IV: a de saber qual é a cifra da constante da pulsão. O que acabamos de ler sobre a retomada por Lacan da divisão harmônica convenceu-me da ideia de que *a constante da pulsão, que revela a sublimação, é o objeto* a *identificado ao número de ouro.*

Alguns indícios vão nos encaminhando.

Primeiro, a noção de uma estrutura constante para a Coisa que, por dentro, o objeto *a* chega a comichar.

Depois, a referência de Lacan à teoria dos *quanta* para a pulsão, palavra na qual não se pode deixar de escutar o *a*

---

[19]*Ibid.*, p. 250; trad. modificada.

depois do *quant*. *Lacan, tá?* E *quanta* ressoa também os *quantificadores* da sexuação.

Em seguida, nossa interpretação do "elevar" o objeto à dignidade de Coisa, que redunda em "elevar ao quadrado" o objeto *a*. É justamente o que se passa na divisão harmônica, onde $1—a = a^2$. A elevação do objeto à dignidade da Coisa significa sua irracionalidade na subtração de a à unidade. Numa série infinita de significantes — que contam, cada um deles, como Um —, o número irracional, como o objeto *a*, introduz um falta, um furo, um limite ao número racional. Ele é um resto para a medida comum que prova a alteridade do Outro[20]. É por isso que Lacan pode dizer: "Todo objeto, exceto o objeto que chamo de pequeno *a* — que é um absoluto —, resulta de uma relação"[21].

Por fim, a função do objeto a-número de ouro, como razão constante da progressão da qual ele próprio é um termo[22], vincula diretamente a constante à sublimação no fato da repetição. A marcação do corpo pelo significante primordial produz um efeito de perda de gozo, de que o objeto *a* devém suporte. Daí seu nome equívoco de *(já)mais-gozar*.

"Disso se pode concluir que o mais-gozar é apenas a positivação de um menos-gozar ou um mais-gozar a ser recuperado; e que o gozo, no final das contas, é apenas suposto por conta da repetição"[23].

---

[20]LACAN, J. (1962-1963) *O seminário, livro 10: A angústia*. Trad. V. Ribeiro. Rio de Janeiro: Editora Zahar, 2005, p. 36.

[21]LACAN, J. (1975-1976) *O seminário, livro 23: O sinthoma*. Trad. S. Laia. Rio de Janeiro: Editora Zahar, 2007, p. 116; trad. modificada.

[22]Há aí um funcionamento de *mais-um*.

[23]RITTER, M. *apud* JADIN, J.-M.; RITTER, M. (org.) *La jouissance au fil de l'enseignement de Lacan*. Toulouse: érès, 2009.

É na repetição da medida não comum entre o objeto *a* e o Um que a sublimação participa da satisfação, como meta (*aim*) da pulsão sexual.

O objeto *a* — solução única da divisão harmônica e razão de uma progressão da qual ele é, ao mesmo tempo, o termo — situa-se, além disso, no nível da divisão do sujeito entre verdade e saber da não relação sexual, na medida em que a relação entre verdade e saber é, ela própria, estruturada como divisão harmônica. Lacan escreve a seguinte proporção, efetivamente:

> saber/verdade — saber = verdade/saber = a verdade com o saber a mais.

Proporção que reproduz a da divisão harmônica:

$$(a/1\text{-}a = 1 /a = 1 + a)$$

ao se substituir o saber por a — o que ainda não se sabe — e a verdade por 1, representando o campo do Outro, lugar da verdade[24].

O *o* de "o Outro" tem o sentido de um artigo chamado, em gramática, de "artigo definido de notoriedade", isto é, marcador da unicidade:

> O Outro, no sentido em que o introduzimos — munido desse "o" maiúsculo —, adquire valor notório não por ser o mais Outro de todos; nem tampouco por ser o único, mas somente pelo fato de que poderia não haver nenhum

---

[24]LACAN, J. (1968-1969) *O seminário, livro 16: De um Outro ao outro*, Trad. V. Ribeiro. Rio de Janeiro: Editora Zahar, 2008, p. 194-195.

e de que, em seu lugar, não haja nada além de um conjunto vazio. É isso que o designa como o Outro [...] Outro, aqui, fica reduzido à sua função mais simples: a de ser um conjunto que abarca o *um* — esse significante necessário como aquele perante o qual se irá representar, de um para o Outro, o *um* do sujeito.[25]

Na proporção que Lacan apresenta, há uma verdade de *a* que divide um saber, e essa divisão é, ela mesma, um saber sobre uma verdade.

É uma bela invenção!

O fato de Lacan dizer *pela primeira vez*, em *La logique du fantasme* (16 de novembro de 1966), que ele inventou o objeto *a* vem como confirmação suplementar da ideia de que é justamente o objeto *a* que representa a constante da pulsão.

---

[25]*Ibid.*, p. 346, 348 ; trad. modificada.

6

A satisfação sexual desarmônica

A sublimação enoda a satisfação sexual de um sujeito, em sua relação com o Outro, com a repetição e o ato — a repetição sendo, conforme o que diz Lacan em *La logique du fantasme* [A lógica da fantasia], interna ao ato, e este sendo fundador do sujeito.

O ato sexual dá a medida da satisfação subjetiva. Mas ele se sustenta numa relação que não é uma relação "harmônica", no sentido corrente do termo; ele não é da ordem da relação complementar macho-fêmea, em razão da função fundamental e complexa do terceiro elemento que é o falo.

É enquanto cópula em falta [por conta da detumescência do pênis após o orgasmo], encarnando o limite do prazer

A SATISFAÇÃO SEXUAL DESARMÔNICA

para os dois sexos — e não a articulação de seus gozos —, que o falo é instaurado como instrumento significante numa lógica da diferença dos sexos e da sua relação.[1]

A sublimação é o lugar da satisfação sexual segundo os princípios de uma divisão dita "harmônica", cuja medida se encontra na divisão em razão média e extrema.

> A sublimação é o termo que nos permite inscrever o embasamento e a conjunção daquilo de que a base subjetiva se trata, na medida em que a repetição é sua estrutura fundamental e que ela comporta essa dimensão essencial sobre a qual permanece, em tudo o que se formulou até então sobre a análise, a maior obscuridade e que se chama "satisfação".[2]

E ele continua:

> É a questão que estou tentando aventar diante dos senhores e que me faz promover a sublimação como o lugar que — até então deixado quieto, ou coberto de rabiscos grosseiros — é, no entanto, o que vai nos permitir compreender do que é que se trata nessa satisfação *fundamental*, que é a que Freud articula como uma opacidade subjetiva, como a satisfação da repetição.

A sina da sublimação se confunde com a da satisfação "fundamental" da repetição. A repetição está no fundamento

---

[1]CHABOUDEZ, G., *Que peut-on savoir sur le sexe?*. Paris: Hermann, 2017, p. 70.
[2]LACAN, J. (1966-1967) *Le séminaire, livre XIV: La logique du fantasme*, sessão de 22 de janeiro de 1967, inédito.

da satisfação. Uma satisfação que fará as vezes de satisfação sexual.

A fim de melhor cingir como a divisão dita "harmônica" convém a essa problemática, lembremos algumas generalidades sobre a repetição.

Repetição e satisfação das pulsões parciais

Freud descobriu a repetição como limite da rememoração na psicanálise; depois, como algo que participa de um além do princípio de prazer. Ela é o encontro com o que claudica, um real inassimilável, na medida em que ele difere da realidade. Testemunha disso é a análise do sonho de um pai que adormece velando o filho morto, sonho no qual surge a frase: "Pai, não está vendo que eu estou queimando?" Há a repetição no sentido de um desencontro entre o ruído na realidade, que desperta aquele que dorme, e a falta de representação — da qual há apenas um lugar-tenente no sonho que lhe faça eco. Algo disso se repete através da realidade[3].

A repetição não é uma *reprodução* do mesmo, ela é repetição de uma diferença, de uma mesmidade da diferença. Ela visa ao reencontro com um objeto de satisfação; objeto pretensamente perdido, mas, na realidade, perdido desde a origem. O objeto é re-encontrado só-depois, sempre: "[...] ele é reencontrado, sendo que a única maneira de saber que ele foi perdido é através desses reencontros"[4].

---

[3]LACAN, J. (1963-1964) *O seminário, livro 11: Os quatro conceitos fundamentais da psicanálise*, 2ª ed. Trad. M.D. Magno. Rio de Janeiro: Editora Zahar, 1985, p. 59-61.

[4]LACAN, J. (1959-1960) *O seminário, livro 7: A ética da psicanálise*, 2ª ed. Trad. A. Quinet. Rio de Janeiro: Editora Zahar, 2008, p. 145; trad. modificada.

A satisfação sexual desarmônica

Trata-se essencialmente do fato de que o gozo é visado num esforço de reencontro, e que só teria como sê-lo ao ser reconhecido pelo efeito da marca. A própria marca introduz no gozo o estigma de onde resulta a perda[5].

Procurar reencontrar o traço da marca da primeira vez faz com que o mesmo, repetido, inscreva-se como distinto. O traço da marca do mesmo é o traço *unário*, um traço contável que marca a identidade da diferença. O *unário* não é o *uniano*, que designa o Um da união.

Lacan identifica o ato fundador do sujeito à repetição, nos termos da sua definição do sujeito como representado por um significante para um outro significante (repetição de S_1 em S_2).

> O ato é fundador do sujeito. [...] ele [o ato] é, por si só, o equivalente da repetição. Ele é essa repetição num só traço que designei há pouco com esse corte que é possível de fazer no centro da banda de Moebius; ele é, em si mesmo, duplo enganchamento do significante. [...] O ato é um significante que se repete ainda que se passe num só gesto, por razões topológicas que possibilitam a existência do duplo enganchamento criado por um único corte. Ele é instauração do sujeito como tal, isto é, de um ato verdadeiro o sujeito surge diferente; em razão do corte, sua estrutura é modificada.[6]

É por isso que o sujeito não pode reconhecer o ato em seu verdadeiro alcance inaugural.

[5]LACAN, J. (1968-1969) *O seminário, livro 16: De um Outro ao outro*. Trad. V. Ribeiro. Rio de Janeiro: Editora Zahar, 2008, p. 119; trad. modificada.
[6]LACAN, J. (1966-1967) *Le séminaire, livre XIV: La logique du fantasme*, sessão de 15 de fevereiro de 1967, inédito.

O sujeito se institui destituindo-se num movimento de retroação. Essa temporalidade segue um trajeto em duplo enganchamento, ou oito interior, que produz uma contagem particular do sujeito que está *a mais* dos números inteiros: ele é o *um-a-mais*. A "segunda" volta faz existir a primeira ao repeti-la, e essa "segunda", ao se fechar, devém o único traço. É apenas no só-depois que uma pode ser dita segunda e a outra, primeira. O *um-a-mais* é o terceiro que torna acessível o dois. É o traço a partir do qual o sujeito se conta.

O paradigma do ato fundador do sujeito é o *cogito* de Descartes, que inaugurou o sujeito da ciência moderna — sujeito sem o qual, segundo Lacan, a psicanálise não teria conhecido a luz do dia e que é aquele sobre o qual a psicanálise opera. Ela o faz percorrendo o avesso do *cogito*, que é a divisão do sujeito entre o *eu* do "eu penso" e o *eu* do "eu sou", o que resulta num "eu não penso lá onde eu sou" e um "eu não sou lá onde eu penso".

O duplo enganchamento da divisão do sujeito em sua relação com o Outro desenrola-se em dois tempos (é a repetição), que Lacan denominou *alienação* e *separação*, com *retroação da segunda sobre a primeira*. Nesses dois tempos,

> duas faltas aqui se recobrem. Uma [a alienação, o *vel* entre ser e pensar, em que a escolha por um é o desfalque do outro] é da alçada do defeito central em torno do qual gira a dialética do advento do sujeito em seu próprio ser na relação com o Outro — pelo fato de que o sujeito depende do significante e de que o significante está, primeiro, no campo do Outro. Essa falta vem retomar a outra [na retroação: a separação], que é a falta real, anterior, a ser situada no advento do vivente — quer dizer: na *reprodução* sexuada. A falta real é aquilo que o vivente perde do seu quinhão

A SATISFAÇÃO SEXUAL DESARMÔNICA

de vivente ao se reproduzir pela via sexuada. Essa falta é real porque ela se reporta a algo de real que é o fato de que o vivente, por estar sujeito ao sexo, está sob o jugo da morte individual.[7]

Na separação, o primeiro objeto que o sujeito propõe ao enigma do desejo parental, divisado na alienação, é a sua própria perda: "Será que ele pode me perder?" É nesse — e através desse — recobrimento, pela repetição da falta, que o desejo do sujeito se reconhece como desejo do Outro.

Os dois tempos de repetição da falta produzem restos de *mais-gozar* que são o objeto *a* e o objeto fálico (-φ) — este último introduz a especificidade sexual na satisfação em jogo na repetição. A articulação significante da repetição (notadamente aquela entre *ser* e *pensar*) está inclusa no ato ou na relação sexual; ou seja, na relação sexual inconsciente (logo, ligada à linguagem) em jogo entre cada um dos parceiros do ato. Ora, por conta da "heterogeneidade radical"[8] dos gozos ditos "macho" e "fêmea", e por conta de nenhum significante poder representar o masculino ou o feminino no inconsciente, a conjunção dos dois sexos não pode ser vislumbrada como complementar. Representando uma função de castração, para os dois sexos, o falo obstaculiza essa complementaridade.

Como diz Lacan, "o sujeito tem de *medir forças* com a dificuldade de ser um sujeito sexuado"[9]. Para "medir forças

---

[7]LACAN, J. (1963-1964) *O seminário, livro 11: Os quatro conceitos fundamentais da psicanálise*, 2ª ed.. Trad. M.D. Magno. Rio de Janeiro: Editora Zahar, 1985, p. 194-195.
[8]LACAN, J. (1966-1967) *Le séminaire, livre XIV: La logique du fantasme*, sessão de 1º de março de 1967, inédito.
[9]*Ibid.*, sessão de 8 de março de 1967.

com" é preciso "mensurar"; e, no que concerne ao sexual, isso significa literalmente levar em conta o incomensurável da relação sexual. Ela não se dá entre dois in-divíduos conscientes, mas entre dois sujeitos divididos; logo, entre os termos dessa divisão, o objeto *a* e o falo — e isso em termos de uma unidade inatingível. Eis como Lacan resume seu aporte: o ato sexual sustenta-se com "a incomensurabilidade do objeto *a* com a unidade implicada pela conjunção de seres de sexo oposto na exigência subjetiva de seu ato. Empregamos o número de ouro para demonstrar que ela só pode se resolver em matéria de sublimação"[10]. A fim de *dimensionar*, no inconsciente, a relação de um sujeito sexuado com outro (a fim de *medir* forças com a dificuldade de ser um sujeito sexuado), Lacan encontra no número de ouro o exato valor do objeto *a* e o identifica a um número incomensurável:

> Esse pequeno *a* é amparado por uma referência numérica para figurar o que há de incomensurável — de incomensurável àquilo que se trata em seu funcionamento de sujeito, quando esse funcionamento se opera no nível do inconsciente, e que não é outra coisa senão o sexo.[11]

Para cada sujeito há uma repetição da relação com o Outro (lugar da verdade), em sua confrontação com o outro sexo, a partir de *duas relações com a unidade*: a da ideia da unidade (uniana) do casal parental — do qual, como filho,

[10]LACAN, J. "A lógica da fantasia: resumo do seminário de 1966-1967". In: LACAN, J. (2001) *Outros escritos*. Trad. V. Ribeiro. Rio de Janeiro: Editora Zahar, 2003, p. 326.
[11]LACAN, J. (1966-1967) *Le séminaire, livre XIV: La logique du fantasme*, sessão de 19 de abril de 1967, inédito.

ele é produto (objeto *a*) — ou a da ideia da unidade (também uniana) da relação com a mãe; e, ao mesmo tempo, a relação com a unidade de sua identificação singular (unária) face à do parceiro sexual.

> Tanto para o menino quanto para a menina, o que ele é como produto, como pequeno *a*, tem se de confrontar com a unidade instaurada pela ideia da união da criança com a mãe, e é nessa confrontação que surge esse 1—a, que vai nos trazer esse elemento terceiro, na medida em que ele funciona igualmente como sinal de uma falta.[12]

É o sinal de uma falta fálica ou do falo como falta. Na relação sexual, a detumescência do pênis materializa uma falta no gozo; ao fazer crer que nada falta, que essa falta derivaria de uma lei de prazer, ela ao mesmo tempo deixa virgem um campo de gozo para além do princípio de prazer. Na relação sexual não nos apercebemos daquilo que falta; mas há um resto — o objeto *a*, o *mais gozar* — com o qual a sublimação tem justamente a ver.

Lacan volta ao "fundamento da satisfação do ato sexual, na medida em que ele é também o que confere o estatuto da sublimação":

> Mas e a satisfação do ato sexual? Ela é da ordem do fato, que conhecemos pela experiência analítica, de que há não um parceiro para o outro, mas parceiros quaisquer para a ideia do casal como Um: essa falta — que podemos definir de modo diferente: falta a ser, falta ao gozo do Outro —; essa falta, essa não coincidência do sujeito como

---

[12] *Ibid.*, 1º de março de 1967.

produto, na medida em que ela aboca esse campo do ato sexual, pois nesse momento ela não é outra coisa senão um produto. [...] Quer seja homem ou mulher, em ambos os casos a falta fálica — quer ela se chame "castração", num caso, ou *Penisneid*, no outro — é o que simboliza, aí, a falta essencial.[13]

Tal é, segundo Lacan, o percurso de *"reprodução* da falta" de que se trata na sublimação:

O 1–a que está aqui — e do qual é fácil demonstrar que é igual a a^2 — é o que o ato sexual tem de satisfatório. A saber, que no ato sexual não nos apercebemos daquilo que falta. Essa é toda a diferença que há com a sublimação. Não que na sublimação se saiba disso o tempo todo, mas a isso se chega, como tal, no fim — se é que há um fim da sublimação.[14]

E Lacan continua:

Ao contrário do puro e simples ato sexual, é da falta que ela [a sublimação] parte, e é com o auxílio dessa falta que ela constrói aquilo que é sua obra e que é sempre a *reprodução* dessa falta. Seja ela qual for, independentemente da forma como ela seja tomada — *e a obra de sublimação não é, de jeito nenhum, necessariamente a obra de arte; ela pode ser muitas outras coisas mais, inclusive o que estou fazendo aqui com os senhores, que não tem nada a ver com a obra de arte* [grifo nosso] —, essa reprodução da falta, que vai cerrar o ponto

[13]*Ibid.*, 8 de março de 1967.
[14]*Idem.*

onde o seu corte derradeiro equivale estritamente à falta de partida, a^2, é disso que se trata em toda obra de sublimação consumada. É claro que isso implica, no interior do ato, uma repetição: é só ao retrabalhar a falta de uma forma infinitamente repetida que o limite é atingido, o que confere à obra inteira a medida do seu valor. Para que isso funcione, é claro, convém que a medida seja justa, de início.[15]

O objeto a e a significação fálica

Lacan escolheu, então, identificar o objeto *a* ao número de ouro para falar do impossível da relação sexual. Pode parecer surpreendente que em sua escrita ele não inclua o falo, $-\varphi$, que é o significante diretamente concernido por esse impossível.

Isso, por outro lado, não é totalmente verdade. Em primeiro lugar, a primeira vez que ele menciona a divisão harmônica, ele a refere ao falo: "O falo como significante dá a razão do desejo (na acepção em que o termo é empregado como "razão média e extrema" da divisão harmônica)"[16]. É verdade que, em 1958, o objeto *a* não havia adquirido o valor "algébrico" que Lacan conferiu a ele em seguida.

Em seu seminário *La logique du fantasme* Lacan frequentemente faz referência ao falo; ele é associado à apresentação da divisão harmônica, mas não é confundido com o objeto *a* e não entra como letra no cálculo — com uma única exceção, que veremos no capítulo seguinte. Seria preciso, sem

[15]*Idem.*
[16]LACAN, J. (1958) "A significação du falo". In: LACAN, J. (1966) *Escritos.* Trad. V. Ribeiro. Rio de Janeiro: Editora Zahar, 1998, p. 700; trad. modificada.

dúvida, distinguir a falta e o resto; Lacan nem sempre o fez, talvez não sem razão.

Objeto *a* e falo são dois termos cujas distinções variam no decorrer do ensino de Lacan e seu uso pode produzir recobrimentos.

Por exemplo, no seminário A *angústia* o falo é situado entre as "formas estágicas" do objeto; não obstante, numa posição excentrada[17]:

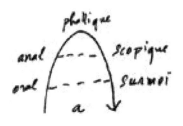

Figura 1.

Não vamos atrás de uma exaustão dos entrelaçamentos dos dois termos, limitando-nos ao que entra em jogo pelo viés da divisão harmônica na sublimação, em particular na medida em que ela associa fantasia e pulsão.

Falo e objeto *a* dividem um certo número de características (objetos não especulares, parciais, cedíveis, oriundos de um corte...), e eles se engendram na divisão do sujeito em sua relação com o Outro. Todos os objetos *a* (não sexuados por natureza) são matizados pela erogeneidade do falo, e é por isso que as pulsões ditas "parciais" são pulsões sexuais. A angústia (de castração) produz-se quando, num certo âmbito, surge uma "falta da falta" (fálica) por

---

[17]LACAN, J. (1962-1963) *O seminário, livro 10: A angústia*. Trad. V. Ribeiro. Rio de Janeiro: Editora Zahar, 2005, p. 320-321; trad. modificada.

recobrimento de uma representação imaginária do objeto *a* no lugar de (-φ)[18].

Há uma especificidade do falo em relação ao objeto *a*. O falo é esperado como mediador de uma comunhão de gozo entre homem e mulher, e é justamente aí que há falta — ele é negativado: -φ. Ele representa o elo faltante da relação sexual. O objeto *a* é um resto da divisão do sujeito em sua relação com o Outro; o falo é uma falta na conjunção dos gozos. O falo se situa no ponto de junção-disjunção do desejo e do gozo, no nível da angústia chamada, justamente, "de castração"[19].

O falo designa os efeitos de significado em seu conjunto. "O falo é o significante privilegiado dessa marca, onde a parte do *logos* se conjumina com o advento do desejo"[20]. Ele só desempenha o seu papel *velado*, diz Lacan em "A significação do falo", e é justamente o que se pode constatar no desdobramento da divisão harmônica.

Será preciso esperar as fórmulas da sexuação para que Lacan coloque em letras uma lógica da função fálica, ainda que ele já tenha escrito a letra Φ. Mas onde está o objeto *a* nessas fórmulas?

Eu diria que, em *La logique du fantasme*, o falo se situa no *intervalo* das operações: por exemplo, na passagem dos rebatimentos internos e externos da divisão harmônica entre 1 e a ; ou, ainda, como ponto de fuga do limite das adições de 1+a e de 1–a.

---

[18]*Ibid.*, p. 55, 57.
[19]*Ibid.*, p. 348.
[20]LACAN, J. (1958) "A significação du falo". In: LACAN, J. (1966) *Escritos*, Trad. V. Ribeiro. Rio de Janeiro: Editora Zahar, 1998, p. 699; trad. modificada.

Nessa ótica, o falo seria equivalente à reta que liga as operações da divisão harmônica, e que Lacan identifica ao duplo enganchamento do oito interior:

> Vamos supor que iremos fazer essa relação significante [da divisão harmônica] se amparar no suporte mais simples, aquele que já conferimos ao duplo enganchamento da repetição: um simples traço. E por mais comodidade ainda, vamos apresentá-lo muito simplesmente assim.[21]

Lacan faz então um traço reto no qual, ele diz, "podemos fazer duas pontas [e] podemos cortar em qualquer lugar esse duplo enganchamento". Não por acaso o traçado do duplo enganchamento corresponde ao da letra que designa o falo:

Figura 2.

É mais simples esquematizar a divisão harmônica com a ajuda de uma reta, como de costume, mas essa indicação de Lacan mostra que não devemos perder de vista a dimensão *topológica* na qual a divisão harmônica se inscreve.

Isso vai ao encontro da qualidade de "ponto turbilhão"[22] do falo, que faz o interior e o exterior do plano projetivo

---

[21]LACAN, J. (1966-1967) *Le séminaire, livre XIV: La logique du fantasme*, sessão de 25 de fevereiro de 1967, inédito.
[22]LACAN, J. (1961-1962) *Le séminaire, livre IX: L'identification*, sessão de 23 de maio de 1962, inédito.

se comunicarem e cujo corte em duplo enganchamento leva consigo a forma em rodela do objeto *a*, separando-o da banda de Moebius equivalente ao sujeito.

Figura 3.

7

O objeto *a* e o falo na sublimação

O fato de só encontrarmos a letra do falo (-φ) nas fórmulas da divisão harmônica uma única vez não diminui o seu valor, a nosso ver. Ela nos permite aclarar outros aspectos da sublimação, e vamos comentar o contexto no qual a letra do falo (-φ) se situa.

Uma fórmula com o falo (-φ)

A fórmula que Lacan apresenta em *La logique du fantasme* [A lógica da fantasia], em 22 de fevereiro de 1967, não "desvela" o falo (que só desempenha o seu papel velado), mas tem o mérito de conjuminá-lo ao objeto *a*. Eis essa fórmula tal qual foi transcrita no estabelecimento, realizado por J.-C. Razavet, do seminário inédito:

$$a/A = A/a+A = -\varphi/a+A-\varphi$$

Também poderíamos escrevê-la substituindo o A por 1, fazendo referência à proporção $1/a = 1+a$:

$$a/1 = 1\,(-\varphi)/1+a\,(-\varphi)$$

Essa fórmula aparece numa sessão de *La logique du fantasme*, da qual temos de citar uma longa passagem, de tanto que nos parece esclarecedora para a *significação fálica* na divisão harmônica.

Após ter evocado os termos da divisão harmônica — o "a" representando a criança produzida pelo ato sexual; e o "Um", simultaneamente, como traço unário do Outro e como unidade unificadora da relação do casal e da mãe com a criança —, Lacan prossegue:

> O *Um* da unidade do casal é um pensamento, determinado no nível do *um* dos termos do casal real. Isso quer dizer o quê? Que é preciso que surja algo, subjetivamente, dessa repetição; algo que restabeleça a *razão* — a razão média tal como acabei de definir para os senhores — no nível desse casal real. Dito de outro modo, que apareça algo que — como nessa fundamental manipulação significante que é a relação harmônica — se manifeste assim: isso, essa grandeza (vamos chamá-la de "c"), em relação à soma das duas outras, tem o mesmo valor que a menor em relação à maior. Mas isso não é tudo. Ela tem esse alcance na medida em que esse valor — da menor em relação à maior — é o mesmo valor que a maior tem em relação à soma das duas primeiras. Dito de outro modo, que *a* sobre A é igual a A sobre *a* mais A... que é igual a quê? A esse outro valor que

fiz surgir aqui e que tem um nome que não é outro senão *menos phi*, em que se designa a castração, na medida em que ele designa o valor fundamental — vou reescrever isso um pouco mais pra frente —: igual a menos *phi* sobre (*a* mais A menos *phi*). Isto é, a *relação significativa da função fálica* enquanto *falta essencial* da junção da relação sexual com sua *realização subjetiva*; a designação, nos próprios significantes fundamentais do ato sexual, do seguinte: ainda que convocada por toda parte, mas furtando-se, a sombra da unidade paira sobre o casal; aparece aí, necessariamente, a marca (isso em razão de sua própria introdução na *função subjetiva*) — a marca de algo que deve representar aí uma falta fundamental. Isto se chama "função da castração enquanto significante". Isso na medida em que o homem só se introduz na função do casal pela via de uma relação que não se *inscreve imediatamente* na conjunção sexual, e que só se encontra representada nesse próprio *exterior* em que os senhores veem se delinear aquilo que se chama, por isso mesmo, de *razão extrema*. A relação que a predominância do símbolo fálico possui em relação à conjunção (enquanto ato) sexual é aquilo que dá, simultaneamente, a medida da relação do agente com o paciente e a medida (que é a mesma) do *pensamento* do casal, tal como ocorre no paciente, com o que é o casal real. É muito precisamente por poder *reproduzir* exatamente o mesmo tipo de *repetição*, que tudo aquilo que é da ordem da sublimação... — e eu preferiria não ser forçado, aqui, a evocá-la especificamente na forma do que se chama de "criação da arte"; porém, já que é preciso, trago-a à baila —; é precisamente na medida em que alguma coisa, ou algum objeto, pode vir a ocupar o lugar que o -φ ocupa no ato sexual como tal, que a sublimação pode subsistir, dando exatamente a mesma ordem de *Befriedigung*[1] que é dada no ato sexual e da qual os senhores veem o seguinte: que ela está muito precisamente na pendência do fato de que o que é pura e simplesmente interno ao casal *não é satisfatório*.[2]

Numa primeira leitura se poderia crer que Lacan identifica o objeto *a* ao falo na medida em que esse último seria também o resultado da divisão harmônica. Mas não é tão simples. Percebe-se que, na verdade, o falo vem assinalar, na divisão harmônica, a parte *subjetiva*, para cada um dos parceiros, do *pensamento* (captado em sua alienação com o ser) da relação sexual, e que ele encarna a falta fundamental da sombra de unidade que paira sobre a relação no casal.

Vários tipos de junção relacionam-se com o falo. Há a junção das determinações significantes particulares de um sujeito com seu lugar na medida da divisão harmônica. Acrescenta-se aí a da determinação significante da unidade unária e da unidade uniana, para cada um dos sujeitos que entram na relação sexual. Por fim, o falo tem uma função de conjunção-disjunção entre desejo e gozo. O falo só desempenha seu papel *velado*, pois ele desaparece das telas em sua função de junção.

Não nos esqueçamos de distinguir, na referência a uma *função subjetiva*, os dois níveis do sujeito: o sujeito na fantasia e o sujeito na pulsão. Na fantasia há uma realização subjetiva graças ao objeto *a*; na pulsão, trata-se de um sujeito acéfalo.

O falo condiz com a dimensão sincrônica da divisão em razão média e extrema, a dos rebatimentos interno e externo de a sobre 1. A título disso ele justifica a identificação da linha reta de esquematização dessas operações com o duplo

---

[1] Do alemão: satisfação. (N. de T.)
[2] LACAN, J. (1966-1967) Le *séminaire, livre XIV: La logique du fantasme*, sessão de 22 de fevereiro de 1967, inédito (grifo nosso).

enganchamento, onde a *segunda* volta completa a primeira para dar *uma* volta. Há indeterminação entre dois e um, é a volta do *um a mais*. Aí está o duplo enganchamento da repetição, fundadora do sujeito e da satisfação que se aloja nessa própria repetição.

Assim, a sublimação, enquanto satisfação da repetição, tem a mesma *medida* — para não dizer "a mesma sensação" — que a realização subjetiva da relação sexual do "casal real".

A relação significativa da função fálica

A expressão "relação significativa da função fálica", frisada na passagem que citamos, concerne particularmente à interpretação psicanalítica em seus efeitos de sentido. Tanto que, após ter escrito, em 1958, um artigo intitulado "A significação do falo. *Die Bedeutung des Phallus*", Lacan chegou a enunciar em 1972, depois de *La logique du fantasme*: "o falo é a significação, é aquilo pelo qual a linguagem significa. Só há uma única *Bedeutung*: é o falo"[3].

Essa afirmação é proferida tendo como fundo a distinção operada por Frege entre sentido (*Sinn*) e significação (*Bedeutung*). Nós nos lembramos que ele toma "Vênus" (nome de uma estrela) como exemplo de significação, e seus dois sentidos, "estrela da manhã" e "estrela da tarde". A significação é única e fixada num objeto *representável*, ao passo que os sentidos são múltiplos. Todavia, nas frases indiretas, a significação pode devir um sentido; faz-se, então, a significação retroceder ao infinito.

A utilização dessa distinção fundamental insere-se nas questões levantadas pela interpretação dos sintomas do

---

[3]LACAN, J. (1971-1972) *O seminário, livro 19: ...ou pior*. Trad. V. Ribeiro. Rio de Janeiro: Editora Zahar, 2012, p. 68; trad. modificada.

analisante — interpretação que não deve reforçar o gozo desses sintomas, recobrindo-os de sentido. Há um gozo dos sintomas e, por definição, o gozo é extrassenso. Dar sentido ao sintoma não abala o gozo que ali se aloja. E, no entanto, é preciso justamente interpretar o sintoma — logo, conferir-lhe sentido — para que ele ceda. É preciso, então, servir-se do sentido, se deixar ser feito de besta por ele. Até o ponto em que esse sentido se mostra ter vínculo com o contrassenso, com o extrassenso, tal como isso se produz num chiste (*Witz*). O sentido procurado não é um sentido imaginário, mas um efeito de sentido cujo propulsor é da ordem do extrassenso. Trata-se, então, de se servir do sentido para chegar ao ponto em que ele se depara com o extrassenso, o do campo do gozo. O gozo do sintoma não será totalmente suspendido, mas deslocado para o absensismo da relação sexual e do gozo que o concerne.

Dizer que a significação é o falo inscreve-se na preocupação de Lacan com esvaziar o sentido. Na impossibilidade de desenvolver aqui o percurso de Lacan sobre o tema, podemos voltar ao que ele disse do objeto *a*, que se opõe justamente à inflação do sentido:

> Foi por isso mesmo que me apercebi da existência do objeto *a*, do qual cada um dos senhores tem o germe em potência. O que constitui a *força* dele — e, do mesmo modo, *a força de cada um dos senhores em particular* —, é que o objeto *a* é totalmente alheio à questão do sentido. O sentido é uma pequena borradela acrescentada a esse objeto *a* com que cada um dos senhores tem sua ligação particular. Isso não tem nada a ver com o sentido, nem com a razão.[4]

---

[4]LACAN, J. (1971-1972) *Estou falando com as paredes*. Trad. V. Ribeiro. Rio de Janeiro: Editora Zahar, 2011, p. 85; trad. modificada (grifo nosso).

A menos que, como Francis Ponge, se escute aí a *rassom*[5].

Inserir o objeto *a* na razão média e extrema é justamente uma forma de incluir extrassenso no sentido; e um pouco de prática com o cálculo da divisão dita "harmônica" é, então, suscetível de devolver a "cada um de nós em particular" uma certa "força"[6].

Lacan, em 1977, retomou a diferença entre sentido e significação de uma forma que ecoa a "relação significativa da função fálica".

Em *L'insu que sait...* ele redefine a oposição fala plena/fala vazia em função do sentido e da significação: a fala plena é uma fala plena de sentido, ela contém o duplo sentido do equívoco; uma fala vazia é aquela que só tem a significação, mas enquanto palavra vazia. Em relação a isso, o poeta — e ele toma o exemplo de Dante na poesia amorosa — consegue a "façanha" de fazer com que um sentido se ausente, substituindo-o pela significação. A propósito disso Lacan evoca seu seminário *A ética da psicanálise*:

> A significação é um vocábulo vazio; dito de outro modo, é o que, a propósito de Dante, se expressa no qualificativo empregado à sua poesia, a saber: que ela é "amorosa". O amor é apenas uma significação, isto é, ele é vazio.

---

[5]O termo utilizado por Ponge, em francês, é o neologismo *réson*, que funde *résonner* [ressoar] e *raison* [razão]. (N. de T.)

[6]Não por acaso Lacan volta, em seu seminário *De um Outro ao outro* Trad. V. Ribeiro. Rio de Janeiro: Editora Zahar, 2008, p. 289, à interpretação da fobia de Hans que ele havia dado em *A relação de objeto* — por falta de dispor, naquela época, do objeto *a* em sua relação com o Um. Entretanto, pode-se ler em *A relação de objeto* (*op. cit.*, p. 338; trad. modificada) a frase que antecipa os seus dizeres de 1977: "Nunca se esqueçam, o significante não está aí para representar a significação; está aí, isso sim, para completar as hiâncias de uma significação que não significa nada"

E bem se vê a forma como Dante encarna essa significação. O desejo tem um sentido, mas o amor — tal como mostrei no meu seminário sobre a ética; tal como amparado pelo amor cortês —, isso é apenas uma significação.[7]

A significação está ligada (por intermédio de um referente que é o desejo) a uma metáfora (não numa relação de significante com significado, mas de significante com significante). Em seu seminário *A transferência*, Lacan abordou precisamente a "significação do amor" pela metáfora que substitui o *erastes* (o amante) pelo *eromenon* (o amado).

Nicolas Guérin[8], a propósito da significação como palavra vazia, fala num "terceiro tipo de fala", no qual a interpretação analítica poderia se amparar para resolver "o aparente paradoxo" que se enuncia assim: o gozo (extrassenso) do sintoma exclui o sentido; no entanto, para desvalorizar esse gozo — e, portanto, reduzir o sintoma — é preciso se deixar fazer de besta pelo sentido.

O terceiro tipo de fala corresponderia ao que se pode esperar de um "sentido branco"[9]. Ele elide um dos sentidos do duplo sentido e o substitui por uma significação, isto é, uma palavra vazia. Daí uma espécie de máxima: "algo que é vazio se enoda a algo que é vazio". Passa-se, então, de uma ressonância semântica do duplo sentido a uma ressonância de tipo *rassom*, que faz ressoar outra coisa que não o sentido e remete ao *absensismo* da relação sexual. Esse vazio que se

---

[7]LACAN, J. "L'insu que sait de l'une-bévue s'aile à mourre", *L'unebévue*, n. 21, 2004, p. 114.

[8]GUÉRIN, N. soutenance hDr, "Logique e poétique de l'interpretação psychanalytique. Essai sur le sens blanc", Aix-em- Provence, 10 décembre 2016, inédito.

[9]LACAN, J. (1974-1975) *Le séminaire, livre XXII: R.S.I.*, sessão de 11 de maço de 1975, inédito.

enoda ao vazio não vem precisamente conjuminar o objeto *a* e o falo?[10]

O falo como significação e a significação como palavra vazia se conecta com a libido da qual Lacan diz: "Sua coloração sexual, tão formalmente sustentada por Freud como inscrita no que há de mais íntimo em sua natureza, é *cor-de-vazio*: suspensa na luz de uma hiância.". Talvez já seja por isso que, em O desejo e sua interpretação, Lacan fale da sublimação em termos de "elaboração vazia"[11].

A sublimação no quadrângulo de Klein

A citação anterior de L'insu..., em que Lacan aproxima o amor cortês da significação e do vazio, faz pensar no vazio da Coisa, em torno do que a sublimação gira. Em *La logique du fantasme*, é a partir do esquema do grupo de Klein que Lacan articula a conjunção e a disjunção do objeto *a* e do falo, no que se refere à sublimação:

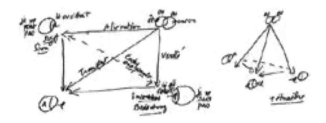

Figura 1. Esquema do quadrângulo do grupo de Klein (*Logique du fantasme*, 10 de janeiro de 1967) e do tetraedro que lhe dá suporte.

---

[10] A noção de "sentido branco", que aparece no seminário *R.S.I.* de 11 de março de 1975, é colocada em relação com "o real fálico".
[11] LACAN, J. (1958-1959) *O seminário, livro 6: O desejo e sua interpretação*. Trad. C. Berliner. Rio de Janeiro: Editora Zahar, 2016, p. 518.

Esse quadrângulo representa uma estrutura de grupo de Klein (incompleta, contudo, sob a ótica dos requisitos lógicos) que articula as relações sincrônicas e diacrônicas entre lugares e termos. Lacan oferece explicações muito complexas que não podemos retomar aqui, ainda mais por conferir a essa estrutura o suporte de um tetraedro que ele faz rodopiar sobre si mesmo para deslindar a passagem de uma posição a outra. Nós nos contentaremos, então, com o que nos pareceu mais ligado com o nosso propósito.

O quadrângulo permite localizar vários tempos da repetição a partir dos dois termos do *cogito*, "ser" e "pensar", determinando a alienação, a escolha alienante segundo a fórmula: *ou eu não penso (lá onde eu sou), ou eu não sou (lá onde eu penso)*. Lembremos que a alienação é sucedida pela separação e que o trajeto de uma a outra é simbolizado pelo punção na fórmula da fantasia fundamental. Lacan aproxima os dois círculos de Euler, em que estão inscritos "ser" e "pensar", a fim de obter o trajeto do duplo enganchamento da repetição, produtora do sujeito.

Figura 2. Círculos de Euler devindo duplo enganchamento.

Pode-se notar que, ao tomar como termos exemplares da alienação os dois termos do *cogito*, "ser" e "pensar", Lacan faz do punção da fantasia fundamental o avesso do *cogito*, o que é uma forma de justificar sua afirmação de que o sujeito sobre o qual operamos é o sujeito da ciência[12].

---

[12]LACAN, J. (1966) "A ciência e a verdade". In: LACAN, J. (1966) *Escritos*. Trad. V. Ribeiro. Rio de Janeiro: Editora Zahar, 1998, p. 873.

No nível do "eu não penso (lá onde estava o *a*)" situam-se o *Sinn* (o sentido), a fantasia, a pulsão, as formações gramaticais e a passagem ao ato — quando o sujeito se faz objeto *a*, extrapensamento.

No nível do "eu não sou (lá onde estava o -φ)" situam-se a *Bedeutung* (a significação), o *Witz*, a surpresa, o *acting-out*, a imisção dos sujeitos no sonho: o sujeito está em vários lugares ao mesmo tempo; determinado pelos pensamentos do sonho, ele esquece seu ser, que ganha um valor fálico.

Na tarefa analisante, o sujeito fica dividido entre uma posição voltada para o objeto *a* e outra para o falo, indo do "eu não penso" ao "eu não sou". Conforme o que compreendemos, e de forma resumida, o quadrângulo dá suporte a duas operações principais a partir da alienação de partida: uma de *perda* — aquela pela qual o sujeito suposto saber reduz-se, no final de análise, ao objeto *a* (que estava lá desde o início, mas ignorado) —; a outra de *falta* — simbolizada por -φ, na realização subjetiva da castração a partir do encontro com o outro sexo. O falo encarna a falta do órgão que permitiria a relação de gozo na conjunção de sujeitos de sexos opostos. A perda tem a ver com a perda do objeto na origem do inconsciente; esse objeto está, pois, em relação com um saber insabido[13]. Num primeiro momento, falta e perda são confundidos. Com a tarefa analisante eles se diferenciam num lugar sobre o esquema de Klein que Lacan indica como sendo o da sublimação[14]:

---

[13]LACAN, J. (1967-1968) *Le séminaire, livre XV: L'acte psychanalytique*, sessão de 17 de janeiro de 1968, inédito.

[14]LACAN, J. (1966-1967) *Le séminaire, livre XIV: La logique du fantasme*, sessão de 15 de fevereiro de 1967, inédito.

O OBJETO A E O FALO NA SUBLIMAÇÃO

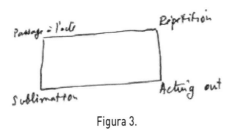

Figura 3.

Só em seguida, num movimento "de retorno ao ponto inaugural — aquele do qual, na verdade, ele nunca partiu; aquele que é estatutário; o da escolha forçada, escolha alienante entre o *ou eu não penso, ou eu não sou*"[15] —, é que se produziria o ato de realização da divisão do sujeito analisante instituindo o analista como objeto *a*. O analisante, contudo, *não é todo* dividido, visto que ele *não é sem* esse objeto *a*, que o analista encarna no final de análise. Então se impõe a questão do passe do analisante que quer ocupar essa posição de objeto *a* para outros, questão que se coloca com o dispositivo para dele saber alguma coisa.

Lacan propõe então um novo esquema do grupo de Klein, oriundo de uma báscula do tetraedro que lhe dá suporte, fazendo com que apareça o *vel* (o *ou, ou* da alienação) entre a e $-\varphi$:

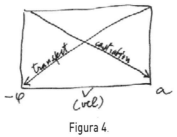

Figura 4.

[15] LACAN, J. (1967-1968) *Le séminaire, livre XV: L'acte psychanalytique*, sessão de 20 de março de 1968, inédito.

129

Aí está minimamente o esquema [diz ele] — mas comentado, é claro; não meramente resumido, como por ora faço — daquilo que apresentei do que se passa com o resultado, com o efeito da psicanálise; e eu o marquei para os senhores no quadro como representado naquilo que se dá ao cabo do *duplo movimento* da psicanálise, marcado nessa linha pela *transferência* e, nesta, muito precisamente, pelo que se chama *castração* e que ocorre, no fim dessa *disjunção* — pelo V, o *vel* — do -φ e do *a*, que está aqui e que vem no lugar em que, ao cabo da análise, o psicanalista chega pela operação do psicanalisante. Operação que, portanto, ele autorizou sabendo, de certa forma, qual é seu termo; e operação com a qual ele próprio se institui, eu disse aos senhores, como sendo o resultado — apesar, se assim podemos dizer, do saber que ele tem disso de que esse termo se trata.[16]

Pelo que se pode deduzir do que precede, a sublimação, enquanto satisfação da repetição, funcionaria com uma modalidade de diferenciação de *a* e -φ, da perda e da falta, mas anterior — e, sem dúvida, preparatória — àquela que faz com que eles se disjuntem na castração. A distinção entre sublimação e castração objeta confundir a sublimação com o fim da análise.

O que estudamos da relação de razão média e extrema entre o Um e o objeto *a* certamente participa da disjunção entre *a* e -φ, intervindo principalmente no objeto *a*. Mas não há outros fatores que intervêm?

Uma passagem de "A lógica da fantasia: resumo do seminário" talvez nos abra uma perspectiva. Ali Lacan aventa

---

[16]*Ibid.*, sessão de 21 de fevereiro de 1968, inédito (grifo nosso).

que a sublimação completa a articulação da repetição e da pressa no fundamento do *tempo lógico*[17]. Como não pensar aqui na cifração do tempo lógico dos três prisioneiros que Lacan nos oferece em *Mais, ainda*:

> Em outros termos, eles são três [prisioneiros]; mas, na realidade, são dois mais *a*. Esse dois mais *a*, no ponto do *a*, reduz-se não aos dois outros, mas a um Um mais *a*. Os senhores sabem, aliás, que já usei dessas funções para tentar lhes representar o inadequado da relação do Um com o Outro, e que já dei como suporte a esse *a* minúsculo o número irracional que é o número dito "de ouro". É na medida em que, pelo *a* minúsculo, os outros dois são tomados como Um mais *a*, que funciona aquilo que pode resultar numa saída na pressa. Essa identificação, que se produz numa articulação ternária, funda-se a partir do fato de que, em nenhum caso, dois como tais podem ser considerados como suporte.[18]

A "pressa está no fundo da lógica", enunciou Lacan em sua "Conférence sur le symptôme" [Conferência sobre o sintoma] em 1975[19]. Acaso ela não é inscrita quando da divisão harmônica na sucessão dos rebatimentos de a sobre 1 na

---

[17]LACAN, J. "A lógica da fantasia: resumo do seminário de 1966-1967". In: LACAN, J. (2001) *Outros escritos*. Trad. V. Ribeiro. Rio de Janeiro: Editora Zahar, 2003, p. 326. Notaremos que, em *O desejo e sua interpretação* Trad. C. Berliner. Rio de Janeiro: Editora Zahar, 2016, p. 421-422, em 27 de maio de 1959, Lacan já opera uma identificação entre a estrutura da pulsão e o tempo lógico, com base na repetição que lhes é comum.
[18]LACAN, J. (1972-1973) *O seminário, livro 20: Mais, ainda*, 2ª ed. Trad. M.D. Magno. Rio de Janeiro: Editora Zahar, 1985, p. 67; trad. modificada.
[19]LACAN, J., "Conférence sur le symptôme", *Le bloc-notes de la psychanalyse*, n. 5, 1975.

busca por cobrir-lhe o campo? Acaso a certeza do 1 não vem da antecipação proporcionada pela falta?

Ao aplicar a mesma cifração ao tempo lógico e à sublimação, Lacan confirma, seis anos depois de *La logique du fantasme*, a função de um fator temporal — a pressa, precisamente — que participa da elaboração da sublimação. Ao mesmo tempo, Lacan reconhece o caráter sublimatório do tempo lógico. Lógica e sublimação estão estritamente associados. Isso reúne os dizeres já conhecidos a propósito da sublimação: "aparente elaboração vazia", "forma mesma em que se cunha o desejo", "a sublimação se situa como tal no nível do sujeito lógico"[20]...

A lógica temporal da sublimação indica que essa última concerne à identificação do sujeito e até mesmo ao seu "ser"; que ela é uma modalidade de identificação em relação ao desejo. Da mesma forma, a satisfação da repetição que lhe está conectada origina-se de uma alienação entre "ser" e "pensar", que leva ao ato de onde o sujeito se instaura.

Por fim, a aproximação com o tempo lógico frisa o caráter coletivo da sublimação que já apontamos como lhe sendo inerente, e que lhe confere a sua dimensão propriamente subjetiva, com as duas modalidades (fantasia e pulsão) do sujeito.

[20]LACAN, J. (1958-1959) *O seminário, livro 6: O desejo e sua interpretação*, Trad. C. Berliner. Rio de Janeiro: Editora Zahar, 2016, p. 517-518; trad. modificada.

8
A sublimação e o desejo do analista em sua relação com a transferência

O lugar e a função da sublimação no fim da análise não são simples de determinar. Várias questões se colocam: qual é o estado da sublimação nesse momento? Ela desempenha um papel para o fim? O fim da análise é uma sublimação? A sublimação é o que a análise tem em vista? O que se passa com a sublimação do analista após o seu próprio fim de análise, e como é que ela se opera em sua prática?

Tentaremos dar algumas respostas a partir da nossa hipótese de partida concernindo à interpretação da frase de Lacan, em Os quatro conceitos fundamentais da psicanálise, segundo a qual a experiência da fantasia fundamental devém a pulsão no final da análise. Propus fazer desse "devir" um equivalente da sublimação, ou seja, o devir da pulsão sem recalcamento.

A frase de Lacan refere-se ao desejo do analista, em sua efetividade após a análise, e ela deve, por conta disso, ser relacionada com o último parágrafo do seminário:

> O desejo do analista[1] não é um desejo puro. É um desejo de obter a diferença absoluta: aquela que advém quando, confrontado com o significante primordial, o sujeito entra, pela primeira vez, em posição de se assujeitar a ele. Só aí pode surgir a significação de um amor sem limite porque ele está fora dos limites da lei onde somente ele pode viver.[2]

Num primeiro momento comentaremos separadamente cada uma das frases ou pedaços de frases desse último parágrafo.

"O desejo do analista não é um desejo puro"

Lacan se refere aqui ao "desejo puro" como sendo aquele condicionado pelo imperativo categórico kantiano, o qual

---

[1] Algumas edições da Seuil escrevem erradamente "desejo da análise".
[2] LACAN, J. (1963-1964) *O seminário, livro 11: Os quatro conceitos fundamentais da psicanálise*, 2ª ed.. Trad. M.D. Magno. Rio de Janeiro: Editora Zahar, 1985, p. 260; trad. modificada. No estabelecimento da transcrição que realizamos em cartel no âmbito da "La lettre lacanienne, uma école da psicanálise" [A letra lacaniana, uma escola de psicanálise], não colocamos vírgulas na última frase — o que, é claro, modifica o sentido em relação à versão da editora Seuil [da qual foi traduzida, no Brasil, a versão publicada pela Zahar (N. de T.)].

A SUBLIMAÇÃO E O DESEJO DO ANALISTA EM SUA RELAÇÃO COM A TRANSFERÊNCIA

vem acompanhado do sacrifício do objeto de amor e do *pathos*. Lacan, em "Kant com Sade", mostrou a afinidade desse desejo com o desejo sadiano[3]. O desejo do analista não é um desejo de sacrifício ao desejo do Outro, ainda que ele não se dê sem certa renúncia ao objeto de satisfação. Mas é no sentido de um reconhecimento de que o objeto está perdido desde a origem, e de que encontrá-lo é encontrá-lo no furo, no vazio da Coisa. A anamorfose pode servir de intermediária organizando a inacessibilidade do objeto.

"É um desejo de obter a diferença absoluta: aquela que advém quando, confrontado com o significante primordial, o sujeito entra, pela primeira vez, em posição de se assujeitar a ele"

Antes de cingir o que Lacan entende por "confrontado com o significante primordial", parece-nos necessário voltar ao termo "absoluto", cujo uso é preciso em Lacan.

"Absoluto" vem de *ab-solvere*: destacar, desembaraçar-se de, consumar. É nesse sentido de "destacamento" que Lacan o emprega para falar do desejo conduzido "à potência da condição absoluta":

> Ainda nos detemos nisso, porém, para voltar ao estatuto do desejo que se apresenta como autônomo em relação a essa mediação da Lei, pela razão de ser no desejo que ela se origina, no fato de que, através de uma simetria singular, ele inverte o incondicional da demanda de amor, em que o sujeito permanece na sujeição do Outro, para conduzi-lo

---

[3] LACAN, J. (1962) "Kant com Sade". In: LACAN, J. (1966) *Escritos*. Trad. V. Ribeiro. Rio de Janeiro: Editora Zahar, 1998, p. 776-803. (N. de T.)

à potência da condição absoluta (onde absoluto também quer dizer destacamento).[4]

O desejo tem um papel motriz, ele *inverte* o incondicional da demanda em condição absoluta, de uma forma que dá uma aparência de simetria. Essa simetria é *singular*, pois não é a do espelho, e sim de natureza topológica (da ordem do retorno); além disso, ela é própria a cada um. Veremos adiante o que se pode tirar disso quando se tratar dos "limites da lei".

Há condição absoluta do desejo pois essa condição deve--se ao objeto *a* que o causa e que é um objeto destacável. "Na dimensão do desejo [pelo fato de que a demanda ao Outro passa pela linguagem] chega a se manifestar o caráter específico do objeto *a* que o causa, na medida em que esse objeto adquire esse valor absoluto"[5].

Na frase que estamos comentando Lacan não fala em "condição absoluta", mas em "diferença absoluta" na confrontação do sujeito com o significante primordial. Isso leva a interpretar a diferença absoluta em função da identidade da diferença trazida pelo traço unário, na medida em que ele representa — como veremos mais adiante — o significante primordial[6]. Mas não se o aborda fora de um só-depois: ou

---

[4]LACAN, J. (1960) "Subversão do sujeito e dialética do desejo". In: LACAN, J. (1966) *Escritos*. Trad. V. Ribeiro. Rio de Janeiro: Editora Zahar, 1998, p. 828; trad. modificada.

[5]LACAN, J. (1965-1966) *Le séminaire, livre XIII: L'objet de la psychanalyse*, sessão de 1º de junho de 1966, inédito. Notaremos que Lacan também fala em "absoluto" a propósito do gozo (*De um Outro ao outro*, Trad. V. Ribeiro. Rio de Janeiro: Editora Zahar, 2008, p. 206-207), assim como do silêncio — a respeito do grito no quadro de Munch (*ibid.*, p. 219).

[6]Cf. a esse propósito o belo artigo de IZCOVICH, L., "Le désir de l'analyste et la différence absolue", *L'En-je lacanien*, n. 20, 2013.

por sua ligação com um outro significante — por exemplo, o *Wolf* no caso do homem dos lobos, como veremos —, ou em sua conexão com um objeto *a*. Em *De um Outro ao outro* Lacan assinala que a contagem do Um faz com que o objeto *a* apareça, pois a contagem unária do sujeito se repete no nível do Outro tomado como conjunto dos Uns, mas para torná-lo furado pelo conjunto vazio que é preciso lhe acrescentar[7].

As operações da divisão harmônica nos familiarizaram especialmente com a pluralidade de Uns que se combinam e com o fato de a relação deles com o objeto *a*, incomensurável, ser justamente da ordem de uma diferença absoluta.

Parto, então, num esmero de método, da diferença absoluta em relação com o objeto *a* e voltarei ulteriormente ao significante primordial e à mesmidade da diferença do significante como tal.

Assim, direi que o desejo de obter a diferença absoluta é o desejo de uma diferença vinculada a um absoluto, um sem-relação, amparada pela condição absoluta do objeto *a*, causa de desejo, objeto destacado, separado. Esse desejo de uma diferença absoluta ressoa com a divisão em razão média e extrema entre a e 1 — que, em 1964, Lacan ainda não havia detalhado. A expressão de 1964 antecipa o desenvolvimento de 1967 que vem confirmá-la. O desejo de obter a diferença absoluta confunde-se com a repetição do rebatimento de a sobre 1, a suposta unidade do casal; rebatimento que mensura a condição absoluta do objeto e participa da sublimação.

Pareceu-me que a divisão harmônica se aplica muito bem ao esquema da identificação que Freud apresenta no

---

[7]LACAN, J. (1968-1969) *O seminário, livro 16: De um Outro ao outro*. Trad. V. Ribeiro. Rio de Janeiro: Editora Zahar, 2008, p. 291.

Capítulo VII de *Psicologia das massas e análise do eu*, em que se trata da identificação egoica dos indivíduos de uma massa quando o objeto é projetado, ou rebatido sobre o ideal do eu:

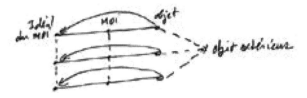

Figura 1.

Lacan subscreve inteiramente esse esquema, chegando a qualificá-lo como "genial", mas faz com que ele sofra duas modificações que permitem fazer a ponte com a divisão harmônica entre a e 1: ele identifica o ideal do eu (I) ao 1 do traço unário, e substitui os termos "objeto" e "objeto externo", designados por Freud, pelo termo de sua invenção, "objeto *a*". Constatamos, com isso, a analogia do esquema de Freud com o da divisão harmônica entre a e 1 (mas sem o eu):

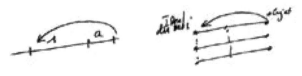

Figura 2.

A partir de então, Lacan define aquilo que chama de nada menos que "a mola propulsora fundamental da operação analítica", da qual diz: "é a manutenção da distância entre o I e o *a*"[8]. Essa distância desbarata a medida

---

[8]LACAN, J. (1963-1964) *O seminário, livro 11: Os quatro conceitos fundamentais da psicanálise*, 2ª ed.. Trad. M.D. Magno. Rio de Janeiro: Editora Zahar, 1985., p. 258.

geométrica; ela revela, de fato, uma distância irredutível entre I e a — a da medida não comum entre a e 1. Essa distância, cujo irredutível se afirma quando se quer colmatá-la, é um fator operatório, pois ela se opõe à força recalcadora da idealização, diferenciando essa última da sublimação. Ela é justamente como uma "mola", que pode esticar ou encolher. E o que move essa mola? Lacan fornece seus referenciais estruturais:

> Para dar aos senhores fórmulas de referência, direi o seguinte: se a transferência é aquilo que, da pulsão, afasta demanda, o desejo do analista é aquilo que a traz de volta. E por esta via, ele isola o *a*, o põe à maior distância possível do I que ele, o analista, é convocado pelo sujeito a encarnar.[9]

Temos, então, uma estrutura complexa com seis termos: I e *a*, a demanda (D) e a pulsão ($\$\lozenge D$), a transferência e o desejo do analista. É uma estrutura dinâmica, sincrônica e diacrônica, na qual os termos aproximam-se ou se afastam, o que repercute nos outros. Mais uma vez, os afastamentos e as aproximações não devem ser mensurados em termos de distâncias geométricas, mas segundo medidas topológicas que se referem à continuidade e ao corte de superfícies, das quais os punções das fórmulas da fantasia e da pulsão constituem os símbolos. Punções que equivalem ao traçado do duplo enganchamento do oito interior. São suas bordas que se aproximam ou se afastam.

Duas forças contrárias estão em ação, a transferência e o desejo do analista, e elas têm efeitos sobre os outros dois termos, demanda e pulsão; a relação entre I e a, sua "distância",

---

[9]*Idem*; trad. modificada.

de certa forma serve como medida para esses efeitos, mais precisamente por isolar o objeto *a*.

Figura 3. Esquema (estático) das "forças contrárias".

A *transferência* afasta a demanda da pulsão colocando-se como demanda de amor, e ela aproxima I de *a* ao idealizar o sujeito suposto saber, ele mesmo oriundo de uma falta inicial.

Lacan propôs o seguinte esquema de um duplo engancha-mento da demanda (D) e do desejo (d), que se transformaria em superfície de plano projetivo sobre o qual a linha de atravessamento da superfície com ela mesma corresponderia à da identificação (I). A transferência (T) estaria situada no ponto-furo turbilhonário[10], designado como sendo o do falo no seminário *L'identification* [A identificação] (cf. Capítulo II):

Figura 4. Esquema de um duplo enganchamento; contorno da superfície do plano projetivo.

Uma reversão (através do furo da transferência?) pode se operar a partir da demanda de amor, que, sendo

---

[10]*Ibid.*, p. 256.

incondicional, contribui para cingir o objeto *a*, devolvendo-o à sua condição absoluta para o sujeito do desejo, que se ampara na fantasia, $S \Diamond a$; isso tem como efeito mobilizar a pulsão, $S \Diamond D$, e afastar o objeto *a* da idealização de I. Nesse movimento, o sujeito mensura a incomensurabilidade entre a e 1 na divisão harmônica. É aí que a demanda passa para o segundo patamar do grafo, adquirindo uma função simbólica, como detalhamos no Capítulo II; a demanda de amor passa a uma demanda que se articula em três tempos gramaticais contornando o objeto *a* na pulsão. Ao cabo desses três tempos aparece o sujeito, por não aparecer.

É nesse contexto que Lacan se indaga sobre a saída da análise, a saber, o momento em que, "depois do referenciamento do sujeito em relação ao *a*, a experiência da fantasia fundamental *devém* a pulsão"[11]. Mensurar a manutenção da distância entre I e *a* por meio da divisão harmônica constitui, portanto, uma forma de reconectar a sublimação (amparada pela divisão harmônica) ao devir da pulsão da fantasia fundamental.

Alguns meios de ação do desejo do analista indo no sentido de afastar i de a

A reversão pela qual se pode dizer que a fantasia devém a pulsão é favorecida pelo *desejo do analista*, que se exerce através de interpretações analíticas de diversos tipos (cortes, equívocos, fantasia...). Vamos fazer um primeiro panorama de como o desejo do analista pode cumprir sua função. Isso

---

[11]LACAN, J. (1963-1964) *O seminário, livro 11: Os quatro conceitos fundamentais da psicanálise*, 2ª ed.. Trad. M.D. Magno. Rio de Janeiro: Editora Zahar, 1985, p. 258; trad. modificada. (N. de T.)

depende, é claro, de cada analista, e não há critérios determináveis (para não dizer mináveis) em razão do fato de que, de uma forma geral, se o desejo é articulado, ele não é articulável; e de que não se analisa o desejo do psicanalista — não mais, aliás, que o desejo de quem quer que seja[12]. A sublimação, agindo no afastamento entre I e a, não é idêntica ao desejo do analista; ela deslinda sua eficácia sobre a transferência e, por isso, serve de referencial com o qual manobrar.

O desejo do analista é a interpretação que sai disso; ele se atualiza na interpretação, no sentido lato. Referida à fala e a *lalíngua* (da qual uma língua "não é nada além da integral dos equívocos que sua história deixou persistirem nela"[13]), a interpretação repousa na distinção entre o enunciado e a enunciação que dividem o sujeito, bem como entre o dito e o dizer, que faz ato do dito e que se esquece por trás do que se diz no que se ouve.

A verdade se semidiz, e o analista deve dar provas de traquejo e de tato na escuta, ou mesmo no uso das margens de uma enunciação. Seus equívocos "concentram-se em três pontos nodais": a homofonia (*d'eux* [deles] e *deux* [dois]), a gramática (por exemplo, no enunciado: "nem me fale!") e a lógica (os paradoxos: do mentiroso ou dos conjuntos que não se contêm a si mesmos)[14].

Não há necessidade alguma de palavra sonorizada para que a interpretação seja ouvida. O silêncio ou a escansão de sessão podem servir. São atos de pontuação que, como tais,

---

[12]LACAN, J., "Discurso na Escola Freudiana de Paris". In: LACAN, J. (2001) *Outros escritos*. Trad. V. Ribeiro. Rio de Janeiro: Editora Zahar, 2003, p. 275-286.

[13]LACAN, J. (1972) "O aturdito", In: LACAN, J. (2001) *Outros escritos*, Trad. V. Ribeiro. Rio de Janeiro: Editora Zahar, 2003, p. 492. (N. de T.)

[14]*Ibid.*, p. 493-ss; trad. modificada.

participam do escrito. Eles têm a vantagem de fazer o objeto *a* funcionar, objeto cujo *(im)passe-de-sentido* opõe-se ao gozo do sintoma. O analista, por meio do seu silêncio, encarna o semblante de objeto *a*. No discurso analítico, "é na medida em que o analista é esse semblante de dejeto (a) [pelo seu silêncio] que ele intervém no nível do sujeito $, isto é, daquilo que é condicionado 1) pelo que ele enuncia, 2) pelo que ele não diz"[15]. A escansão de sessão introduz a temporalidade da análise, temporalidade lógica do instante de ver, do tempo para compreender e do momento de concluir na pressa. Nós já incluímos a temporalidade da pressa — que se pode escrever "press(a)", pois ela é produtora do objeto *a* — na problemática da sublimação por intermédio da divisão harmônica.

Nesse contexto, a aproximação entre I e *a* poderia corresponder ao tempo para compreender, durante o qual se manifesta a forma lógica do "eu" psicológico, ou "sujeito indefinido recíproco", em vias de se isolar do transitivismo especular. O que se chama de "manejo da transferência", enquanto ligada ao desejo do analista, procede de um "traquejo com" e visa manter o afastamento entre I e *a*. Ela também pode se inspirar no dispositivo do esquema óptico, o qual faz intervir a noção de "distância" entre a função simbólica do ideal do eu (I) e a função imaginária do eu-ideal que reveste o objeto *a*. É a triangulação pela fala e pelo discurso do Outro que consagra essa distância, e permite sair do impasse em que, quanto mais o sujeito quer oferecer uma imagem satisfatória de si, menos ele satisfaz o ideal do eu[16].

---

[15]LACAN, J. "Conférences et entretiens dans les universités nord-américaines", *Scilicet,* 6/7, 1976, p. 62.

[16]LACAN, J. (1960) "Observação sobre o relatório de Daniel Lagache". In: LACAN, J. (1966) *Escritos.* Trad. V. Ribeiro. Rio de Janeiro: Editora Zahar, 1998, p. 685.

> A operação e o manejo da transferência devem ser pautados de forma a manter a distância entre o ponto a partir do qual o sujeito se vê amável e esse outro ponto em que o sujeito se vê causado, como falta, pelo pequeno *a* — e onde *a* vem tapar a hiância que a divisão inaugural do sujeito constitui.[17]

O objeto *a* chega no limite do significante, no seu ponto de falta.

Pode-se encontrar a mesma tentativa de afastamento entre I e *a* naquilo que Lacan faz valer quando de seu comentário sobre as *Meninas* de Velázquez. Dois pontos servem para a construção da perspectiva: o ponto de fuga e o ponto de distância (mensurando a distância do plano do pintor ao quadro), ou ponto do sujeito que olha. A distinção entre esses dois pontos equivale à divisão do sujeito, $, na fórmula da fantasia, ao passo que o olhar, objeto *a*, do pintor (identificado ao analista) cai no intervalo e parece vir de um ponto no infinito. A construção perspectiva do quadro mostra-se homogênea à da fantasia e vem em contraponto à representação do rei e da rainha no espelho do fundo, cujo desfoque traduz um apagamento do ideal[18].

A construção perspectiva das *Meninas* e a função do quadro virado — a distância, no quadro, à qual o pintor se coloca em relação a ele — convergem na captura, no

---

[17]LACAN, J. (1963-1964) *O seminário, livro 11: Os quatro conceitos fundamentais da psicanálise*, 2ª ed. Trad. M.D. Magno. Rio de Janeiro: Editora Zahar, 1985, p. 255; trad. modificada.

[18]LACAN, J. (1965-1966) *Le séminaire, livre XIII: L'objet de la psychanalyse*, sessões de maio de 1966, inédito. Cf. também o uso que fizemos disso em *O arrebatamento de Lacan: Marguerite Duras ao pé da letra*. São Paulo: Aller, 2019.

arrebatamento que o quadro de Velázquez exerce sobre nós. Somos pegos em seu espaço e desencadeia-se, com ele, uma ida e uma volta não idêntica à ida; ou seja, um trajeto em duplo enganchamento de banda de Moebius entre o quadro virado, Velázquez e nós — trajeto que corresponde, segundo Lacan, ao movimento da pulsão na sublimação[19]. Essa "dupla volta pulsional" é possibilitada pela distância entre o plano do quadro e o do pintor. A abolição da noção de distância (independentemente da medida) mergulharia a cena na escuridão. É no vazio estrutural dessa distância que o objeto *a*, olhar, cai.

Voltaremos mais tarde, nos Capítulos X e XI, às duas características da interpretação analítica em relação com o desejo do analista.

---

[19]LACAN, J. (1965-1966) *Le séminaire, livre XIII: L'objet de la psychanalyse,* sessão de 11 de maio 1966, inédito.

9

A significação de um amor sem limite conecta-se à sublimação

Antes de voltar à questão do desejo do analista a partir da eficácia da interpretação psicanalítica, concluo o comentário do último parágrafo do seminário Os *quatro conceitos fundamentais da psicanálise* retomando a frase em que havíamos parado.

"É um desejo de obter a diferença absoluta: aquela que advém quando, confrontado com o significante primordial, o sujeito entra, pela primeira vez, em posição de se assujeitar a ele"

"Em posição de se assujeitar a ele" necessita retomar a definição do sujeito representado por um significante para um outro significante: o sujeito é sujeito do significante, determinado por ele; ao mesmo tempo, é destituído pelo significante que o institui — não se subjetiva como tal, a não ser por meio do objeto *a*, na fantasia.

Aqui Lacan fala de um assujeitamento particular, que não é idêntico àquele que sobrevém entre dois significantes. Trata-se de um assujeitamento "primordial" ao significante como tal, antes de sua remissão a outro significante. Mas então, a que ele remete e como saber? Em *De um Outro ao outro* Lacan dá a seguinte indicação:

> De onde vem esse significante, o que representa o sujeito perante outro significante? De lugar nenhum, porque ele só aparece nesse lugar em virtude da retroeficiência da repetição. É porque o traço unário visa à repetição de um gozo que um outro traço unário surge *a posteriori, nachträglich*.[1]

Assinalo que o primeiro significante é, portanto, designado pelo nome de "traço unário" e que o que está em questão é saber de onde ele vem antes de sua remissão a outro significante. Lacan situa, aqui, a questão justamente na "retroeficiência da repetição".

Cinco anos antes, em *Os quatro conceitos...*, ele tenta deslindar o primeiro significante *antes* da sua remissão a um outro. Fala dela em termos de "significante originalmente recalcado", "significante original", "significante primordial"[2]. Ele

---

[1]LACAN, J. (1968-1969) *O seminário, livro 16: De um Outro ao outro*. Trad. V. Ribeiro. Rio de Janeiro: Editora Zahar, 2008, p. 378; trad. modificada.
[2]LACAN, J. (1963-1964) *O seminário, livro 11: Os quatro conceitos fundamentais da psicanálise*, 2ª ed. Trad. M.D. Magno. Rio de Janeiro: Editora Zahar, 1985, p. 237-238.

A SUBLIMAÇÃO, UMA ERÓTICA PARA A PSICANÁLISE

não remete a outro significante e é correlato a um momento de gozo: pode-se dizer que ele representa o sujeito para o gozo, que ele é sujeito do gozo. É uma forma de retomar a questão do recalcamento original pelo ângulo da determinação do sujeito pelo significante num ponto de gozo. Um sujeito como esse corresponde a um momento lógico, postulado ulteriormente.

Esse significante primordial tem um valor traumático para o sujeito, no sentido de fazer *rombo* (é o *trombatismo*). Ele introduz o sujeito na ordem do significante — ou seja, a ordem da linguagem —, uma ordem para além do princípio de prazer. É um significante correlato a um gozo que jaz no corpo; ele é mortal, pois corresponde a um excesso de tensão não regulado pelo princípio de prazer. É o significante da pulsão enquanto pulsão de morte.

> O gozo é muito exatamente correlato à forma primeira da entrada em jogo daquilo que chamo de "marca", de "traço unário" — que é a marca para a morte, se quiserem dar a ela o seu sentido. [...] É a partir da clivagem, da separação entre o gozo e o corpo — doravante mortificado —; é a partir do momento em que há jogo de inscrições, marca do traço unário, que a questão se coloca.[3]

A distância entre o gozo e o corpo intervém com a entrada em jogo do significante. O sujeito que ele instaura, num nível mítico, é um "sujeito do gozo"[4]. A repetição tenta reencontrar,

---

[3]LACAN, J. (1969-1970) *O seminário, livro 17: O avesso da psicanálise*. Trad. A. Roitman. Rio de Janeiro: Editora Zahar, 1992, p. 169; trad. modificada.
[4]LACAN, J. (1962-1963) *O seminário, livro 10: A angústia*. Trad. V. Ribeiro. Rio de Janeiro: Editora Zahar, 2005, p. 192; LACAN, J. (1966)

só-depois, esse gozo. Ele só pode ser reconhecido pela marca do significante primordialmente recalcado, o que introduz no gozo "o estigma de onde resulta a perda"[5]. A perda que nomeia o "(já)mais-gozar", outro nome do objeto *a*.

É um significante irredutível, "puro contrassenso": "na medida em que o significante primordial é puro contrassenso, ele se torna portador da infinitização do sujeito, de modo algum aberto a todos os sentidos, mas abolindo a todos, o que é diferente"[6].

O sujeito se constitui no nível do recalcamento originário, mas ele não pode subsistir ali como tal; isso porque, nesse nível, não há representação de um significante para um outro. Há, pois, uma abolição da significância. Nesse momento há duas faces, segundo Lacan: uma é a dessa queda da significância; a outra, a de um efeito de retorno em que esse significante primordial "se torna-se portador da infinitização do sujeito". Isso não abre a interpretação do significante a todos os sentidos, mas constitui a liberdade do sujeito em relação a todos os sentidos, "o que não quer dizer que ele não esteja determinado". Determinado é o que ele é pelas associações contingentes que se enodam com outros significantes que constam na história do sujeito. O sujeito é igualmente

"Apresentação das *Memórias de um doente dos nervos*". In: LACAN, J. (2001) *Outros escritos*. Trad. V. Ribeiro. Rio de Janeiro: Editora Zahar, 2003, p. 221.

[5] LACAN, J. (1968-1969) *O seminário, livro 16: De um Outro ao outro*. Trad. V. Ribeiro. Rio de Janeiro: Editora Zahar, 2008, p. 119; trad. modificada.

[6] LACAN, J. (1963-1964) *O seminário, livro 11: Os quatro conceitos fundamentais da psicanálise*, 2ª ed. Trad. M.D. Magno. Rio de Janeiro: Editora Zahar, 1985, p. 238; trad. modificada. [Em tempo, no original há supressão de um pequeno trecho da citação: "infinitização *do valor* do sujeito". (N. de T.)].

determinado por sua alienação (no sentido de Lacan) entre *ser* e *pensar*, em virtude da qual os sentidos são desfalcados de não-senso; e os pensamentos, de não-ser.

Lacan explica, assim, que ele não pôde "manejar a relação de alienação sem fazer intervir a palavra 'liberdade'. O que, com efeito, funda no senso e no contrassenso radical do sujeito a função da liberdade é propriamente esse significante que mata todos os sentidos"[7]. Qual é, então, a "mediação do sujeito [infinitizado] com a finitude do desejo"? Pode-se supor que essa mediação é o próprio desejo, amparado pela fantasia e enquanto o que constitui limite ao gozo. Lacan evoca, a propósito disso, o falo como função de falta. Em 1964, o falo ainda está numa dependência significante em relação à metáfora paterna, qualificada como "intermédio" numa relação "vivível, temperada" entre um sexo e o outro[8].

Lacan retém o exemplo do significante "lobo", *Wolf*, como *o que representa* o significante primordial no caso de Serguêi Pankêiev (SP), de codinome "Homem dos Lobos": *o que representa* porque — encontrado só-depois, na análise, por conta de seus laços com outros significantes — ele é lugar-tenente do traço unário. Em seu famigerado sonho, aos quatro anos de idade, dos lobos sentados nos galhos de uma nogueira observando-o — os quais ele vê no enquadramento de uma janela que se abre e cujo desenho ele reproduziu —, o olhar dos lobos (objeto *a*) representa o próprio sujeito, o sujeito assujeitado ao significante "lobo". A observação de Freud mostra "que a cada etapa da vida do sujeito alguma coisa veio, a cada instante, remanejar o valor do índice determinante que constitui esse significante

[7]*Idem*; trad. modificada.
[8]*Ibid.*, p. 260.

original"[9]. Com efeito, esse significante entra bem cedo na história de SP, notadamente quando da leitura de livros com imagens de lobos, com os quais sua irmã aproveita para assustá-lo. O lobo retorna em sua história (o nome de um professor de latim), nos seus sonhos, em suas fobias e em suas diferentes manifestações do inconsciente: por exemplo, no seu lapso em dizer *Espe* no lugar de *Wespe* (vespa) a propósito de um sonho — no qual um homem arranca as asas de uma borboleta — relacionado ao seu medo des borboletas. *Espe* fonetiza o SP de suas iniciais; e *Wespe*, entre outros, mutila o W de *Wolf*. O W remete também a um duplo V do relógio marcando V horas e às pernas abertas de Grusha, a sua babá.

Wolf é um significante originalmente recalcado que retorna em formações do inconsciente pelo rombo de sentido, engendrando um movimento turbilhonário de significações. Seu contrassenso original (recoberto por suas associações com outros significantes) não significa que ele esteja aberto a todos os sentidos, mas ele é portador da infinitização do "sujeito do gozo". A "mediação" pela metáfora paterna com a finitude do desejo possibilita a interpretação.

"Só aí pode surgir a significação de um amor sem limite porque ele está fora dos limites da lei onde somente ele pode viver"

Essa é a última frase do parágrafo estudado, bem como do próprio seminário[10]. Ela pode parecer paradoxal no que concerne à questão do limite; a não ser que se a considere o limite não

---

[9]*Ibid.*, p. 237; trad. modificada.
[10]Lembro que modificamos a pontuação estabelecida na edição da Seuil. Já que a estenotipia não permite decidir, essa escolha foi a que nos pareceu mais significativa.

de uma esfera (com um interior separado de um exterior), mas de um toro (que faz com que os dois se comuniquem):

Figura 1.

O fora do limite seria o fora da distinção das fronteiras entre exterior e interior. Ele estaria, de certo modo, nos "confins" — termo que se encontra em "O aturdito" para designar o *não todo*, na medida em que ele não é uma parte de um todo. Um amor sem limite seria, então, um amor não narcísico: ele não teria os limites de uma totalidade, de um todo-um, um todo correlato a uma função de exceção (como a do pai primitivo de *Totem e tabu*) que o garanta. O amor sem limite seria, desse modo, da ordem do *não todo*.

Lacan fala dos limites da lei. De que lei se trata? Pode-se pensar que se trata da lei do pai, levando em conta o lugar de "intermédio" que Lacan atribui à metáfora paterna. Seria, então, um amor fora dos limites de uma lei histérica, regulando-se pelo amor do pai (com um genitivo objetivo e subjetivo); de um pai que, ainda assim, exerceria a sua função, permanecendo num semidizer sobre o seu gozo[11]. Essa lei seria a do amor do pai, ou seja, a da "pai-versão"[12]. Tratar-se-ia de um amor fora dos limites condicionados pela pai-versão.

---

[11] SOLER, C. (2015) *Lacan, leitor de Joyce*. Trad. C. Oliveira. São Paulo: Aller.
[12] LACAN, J. (1975-1976) *O seminário, livro 23: O sinthoma*. Trad. S. Laia. Rio de Janeiro: Editora Zahar, 2007, p. 146.

Isso não deixa de evocar alguns dizeres de Foucault:

> o que caracteriza a sexualidade moderna não é ter encontrado, de Sade a Freud, a linguagem da sua razão ou da sua natureza; mas ter sido, também pela violência dos discursos destes, "desnaturalizada" — lançada num espaço vazio onde ela só encontra a forma tênue do limite, e onde ela não tem além nem prolongamento, a não ser no frenesi que a rompe. Não libertamos a sexualidade, mas a levamos ao limite, precisamente: limite da nossa consciência, já que, no fim, ela dita a única leitura possível, para a nossa consciência, da nossa inconsciência; limite da lei, já que ela desponta como o único conteúdo absolutamente universal da interdição. Limite da nossa linguagem, ela desenha a linha de espuma daquilo que essa linguagem consegue efetivamente atingir na areia do silêncio.[13]

Antes de explorar as suas vias no livro *A vida com Lacan*, Catherine Millot havia visitado esse texto de Foucault num outro livro, *La logique de l'amour* [A lógica do amor], no qual ela nos relata que Lacan tinha o dom de aliar termos aparentemente dessemelhantes, como "lógica" e "erotismo", dizendo que ele encontrava os mesmos paradoxos na lógica e no amor

> quando este fica sério e impele ao rigor, como nos místicos, até o ponto em que já não se pode dizer nada sem se

---

[13]FOUCAULT, M. "Prefácio à transgressão". In: *Ditos e escritos*, vol. III (*Estética: Literatura e Pintura, Música e Cinema*). Org. MOTTA, M. B. da. Trad. I. A. Dourado Barbosa, 2ª ed.. Rio de Janeiro: Forense Universitária, 2009, p. 28; trad. modificada.

contradizer e em que a perda e a salvação se equivalem. É aí que se atingia, dizia Lacan, *"aquilo que deveria ser o amor, se isso tivesse o menor sentido"*. Esses pontos constituíam como que um sifão por onde se evacuava o sentido; por esses furos é que desaparecia também a esperança de estabelecer qualquer relação entre os homens e as mulheres. Lacan nos convidava a dispensá-la para reinventar os jogos do amor, isto é, talvez uma outra lógica que parta do impossível.[14]

Uma outra forma de abordar os limites da lei e do amor consiste em remeter-se às constrições impostas pelo próprio princípio de prazer.

> Mas não é a Lei, em si, que barra o acesso do sujeito ao gozo; ela apenas faz de uma barreira quase natural um sujeito barrado. Pois é o prazer que aporta ao gozo os seus limites; o prazer como o que dá liga à vida, incoerente, até que uma outra interdição — esta incontestável — se eleve dessa regulação descoberta por Freud como processo primário e pertinente lei do prazer.[15]

A passagem da regulação pelo princípio de prazer à interdição opera-se pelo complexo de castração, cujo símbolo é o falo, enquanto imagem negativada do pênis ocupando o seu lugar na imagem especular. Uma parte de gozo íntimo

[14]MILLOT, C. *La logique et l'amour*. Paris: Éditions Cécile Defaut, 2015, p. 74-75.
[15]LACAN, J. (1960) "Subversão do sujeito e dialética do desejo". In: LACAN, J. (1966) *Escritos*. Trad. V. Ribeiro. Rio de Janeiro: Editora Zahar, 1998, p. 836; trad. modificada.

não passa para a imagem especular. A partir daí se faz uma passagem para o simbólico.

> É assim que o órgão erétil vem simbolizar o lugar do gozo, não como ele mesmo nem tampouco como imagem, mas como parte faltante na imagem desejada: por isso é que ele é igualável ao $\sqrt{-1}$ da *significação*, produzida acima, do gozo que ele restitui, pelo coeficiente de seu enunciado, à função de falta de significante: (-1).[16]

É, de novo, uma questão de significação. E relacionada ao falo. Vimos, anteriormente (Capítulo VII), que "a significação do falo é o único caso de genitivo plenamente equilibrado"[17]. A meu ver, o $\sqrt{-1}$ do falo cifra o *vazio* da significação que encontramos nesse capítulo.

Na frase que estamos comentando, é justamente da "*significação* de um amor sem limite" que fala Lacan. Se a significação do amor (ou seja, de uma metáfora) implica o falo, e um lugar vazio, pode-se entender que se trata de um amor sem limite marcado pelo falo, o que corresponde às fórmulas da sexuação do lado "mulher"; e, mais precisamente, à fórmula do *não todo*: há um gozo não todo determinado pela função fálica, contrariamente ao caso do homem cujo gozo é todo fálico — pois o limite é colocado pela exceção paterna.

Em seu seminário *L'insu...* — nós o dissemos, mas isso agora ecoa com o amor sem limite —, Lacan retoma a questão da significação em relação à do sentido, e faz surgir o amor como significação vazia no caso da poesia do amor

---

[16]*Ibid.*, p. 837; trad. modificada (grifo nosso).
[17]LACAN, J. (1971-1972) *O seminário, livro 19: ...ou pior*. Trad. V. Ribeiro. Rio de Janeiro: Editora Zahar, 2012, p. 68.

cortês: no duplo sentido de um equívoco, o poeta substitui um sentido ausente por uma significação que presentifica o vazio, e essa significação é a do amor[18].

Na articulação do amor com o desejo intervém a sublimação, pois ela própria tem de se haver com os paradoxos do amor, tal como ressalta em alguns dizeres de Lacan: "Só o amor permite ao gozo condescender ao desejo"[19], começa ele dizendo. Depois, algumas linhas adiante: "Para tratar do amor, assim como para tratar da sublimação, é preciso lembrar o que os moralistas anteriores a Freud [...] articularam plenamente", a saber: que "o amor é a sublimação do desejo"[20]. A citação desses enunciados nos faz dar o passo seguinte: o amor é uma sublimação que permite ao gozo condescender ao desejo.

Disso concluo — essa é a minha hipótese — que Lacan enoda de forma borromeana, por meio da sublimação, três noções: amor, desejo, gozo. A sublimação seria um atamento borromeano do amor (em sua referência cortesã), do desejo (equivalente à letra) e do gozo (ou sua deriva pulsional). Esse atamento é ainda mais justificado por Lacan ter apresentado o próprio amor cortês como um atamento borromeano de RSI em que o amor vem como "meio" de imaginar a morte e o gozo. Lacan trança essas três dimensões numa frase que, ela própria, tem a forma de trança:

> Sempre dou esse sentido sumário da morte ao real, como constituindo o seu núcleo; e ao simbólico — pois até aqui

[18]LACAN, J. (1976-1977) *Le séminaire, livre XXIV: L'insu que sait de l'une-bévue s'aile à mourre*, sessão de 15 de março de 1977. Cf. *L'Unevévue*, hiver 2003-04, p. 114.

[19]LACAN, J. (1962-1963) *O seminário, livro 10: A angústia* Trad. V. Ribeiro. Rio de Janeiro: Editora Zahar, 2005, p. 197.

[20]*Ibid.*, p. 198. (N. de T.)

não tive de avançá-lo —, ao simbólico, o que ele nos revela, por seu uso na palavra — e, especialmente, na palavra de amor —, é suportar o que, com efeito, toda a análise nos faz sentir, é suportar o gozo.[21]

O amor é um *meio* (em todos os sentidos do termo) oriundo do imaginário entre o real da morte e o simbólico da palavra de amor que suporta o gozo.

Acaso o atamento amor, morte, gozo não vai ao encontro da questão do "amor sem limite porque ele está fora dos limites da lei onde somente ele pode viver"? Acaso a aparente contradição, para o amor, entre situar-se entre o "fora do limite" e o "dentro do limite" não é resolvida pela topologia dos três anéis do nó borromeano, em que cada um dos anéis está debaixo do que está embaixo e em cima do que está em cima? Nesse caso, a lei seria aquela, matemática, própria à triplicidade do nó borromeano, e não uma lei referida à pai-versão, dependente do Édipo. E esse amor se situaria numa zona de "extimidade" (o mais estrangeiro da intimidade), atrelado a uma lógica do não todo nos confins de um todo, de cuja lógica ele escapa.

O último livro de Catherine Millot, *A vida com Lacan*, oferece-nos um exemplo disso, ao que me parece. Ali a autora relata por vezes confidenciar a Lacan, seu analista, a sua inquietude com a ideia de "não conseguir levar a cabo" sua análise com ele "nessa condições tão particulares" (as de ter com ele uma relação amorosa). "Um dia ele me respondeu: 'Sim, falta alguma coisa'"[22]. O quê? Catherine Millot não nos

---

[21]LACAN, J. (1973-1974) *Le séminaire, livre XXI: Les non-dupes errent*, sessão de 18 de dezembro de 1973, inédito.
[22]MILLOT, C. (2016) *A vida com Lacan*. Trad. A. Telles. Rio de Janeiro: Editora Zahar, 2017, p. 112.

confia a sua interpretação dessa frase. Sem querer responder em seu lugar, nem no lugar de Lacan, pode-se contudo escutar o eco dessa frase com o lugar da falta marcado pelo falo, bem como a falta de um atamento das três dimensões que acabo de evocar.

Existe, no entanto, uma outra abordagem da falta em Lacan: a da função do 0 e do conjunto vazio na teoria dos conjuntos. Essa abordagem será apresentada no Capítulo XII.

10
O estilo do analista

Aventei que a sublimação na análise é a medida de uma operação de repetição na qual convergem o analisante e o analista. Daniel Lagache pôde falar em "sublimação em ato" e em "pesquisa criativa" a propósito da análise, fazendo com que se notasse que os próprios princípios da psicanálise — e, em especial, a atenção igualmente em suspenso — são capazes de favorecer a sublimação[1]. Isso concerne à análise, tanto do lado do analisante quanto do analista, bem como na análise em intensão e em extensão (cartéis, seminários,

---

[1]LAGACHE, D. "La psychanalyse comme sublimation". In: *De la fantaisie à la sublimation*. Paris: Presses Universitaires de France, 1984, p. 205. Cf. nosso capítulo "La règle de l'attention également en suspens, contrepartie de la règle fondamentale" — In: *Des fondements de la clinique psychanalytique*. Toulouse: érès, 2008 — que também vai nesse mesmo sentido.

publicações, passe...), ainda mais pelo fato de o coletivo participar da sublimação. É assim que a sublimação específica da operação analítica cria um afastamento em relação ao sujeito suposto saber e pode levar a análise a termo:

> Para o neurótico, o saber é o gozo do sujeito suposto saber. É por isso mesmo que o neurótico é incapaz de sublimação. A sublimação, por sua vez, é própria daquele que sabe *contornar aquilo a que o sujeito suposto saber se reduz* [isto é, o objeto *a*]. Toda criação da arte [e a análise tem ligações com ela] se situa nesse *cingimento* do que resta de irredutível no saber como distinto do gozo. Alguma coisa, no entanto, vem marcar sua empreitada, na medida em que designa para sempre no sujeito a sua inaptidão para a plena realização.[2]

Dada a disparidade dos lugares do analisante e do analista, impõe-se a questão da função específica do analista em sua prática singular caso a caso. Ela está associada ao desejo do analista e eu comecei a abordá-la ao falar da interpretação analítica. Continuarei a partir de uma indicação fornecida por Lacan; indicação que, a nosso ver, se apoia na teoria dos conjuntos.

Fazer par com os casos de urgência

Trata-se de uma passagem que se encontra no fim do prefácio para a edição inglesa do Seminário 11:

> A miragem da verdade, da qual só se pode esperar a mentira [...], não tem outro termo senão a satisfação que marca o

[2]LACAN, J. (1968-1969) *O seminário, livro 16: De um Outro ao outro.* Trad. V. Ribeiro. Rio de Janeiro: Editora Zahar, 2008, p. 341; trad. modificada.

fim da análise. Posto que dar essa satisfação é a urgência que a análise preside, interroguemos como pode alguém se dedicar a satisfazer esses casos de urgência[3].

Lacan fala, em seguida, do *passe* "à disposição daqueles que se arriscam a testemunhar da melhor maneira possível sobre a verdade mentirosa".

E, para terminar: "Assinalo que, como sempre, os casos de urgência me aperreavam enquanto eu escrevia isso. Mas escrevo, na medida em que creio dever fazê-lo, para estar a par desses casos, para fazer par com eles"[4]. Não é a primeira vez que Lacan faz referência ao fim da análise como forma de satisfação ("satisfação" vem de *satis*, bastante). A evocação da satisfação não é anódina, visto que esta é a meta da pulsão e que a sublimação é a satisfação da repetição.

As últimas linhas citadas fazem uma aproximação entre a questão do fim da análise, a satisfação que a marca e o tempo de urgência (um tempo lógico). Isso concerne tanto ao analisante quanto ao analista, "aperreado" [*empêtré*][5], diz ele, na análise. Uma aproximação deve ser feita também com o dever de escrever para estar a par [*pair*] de seus casos, fazer par [*paire*] com eles.

Vamos nos deter no jogo de palavras entre *pair* e *paire*. *Pair* [par], como substantivo masculino — independentemente do adjetivo "*pair*" [par], que concerne aos números divisíveis por dois —, é aquilo que é igual, que é parelho;

---

[3]LACAN, J. (1976) "Prefácio à edição inglesa do *Seminário 11*". In: LACAN, J. (2001) *Outros escritos*. Trad. V. Ribeiro. Rio de Janeiro: Editora Zahar, 2003, p. 568-569; trad. modificada. (N. de T.)
[4]*Ibid.*, p. 569; trad. modificada.
[5]Palavra que vem de *pastoria* (pastor, guardador de rebanhos); "aperreado", "entravado" como se entrava o gado.

daí "díspar" (algo que se destaca, que não é semelhante). Um outro sentido é "estar pareado", "andar junto". Há também o sentido de não estar *em atraso* em suas ocupações ou atribuições. Por exemplo, se, no caso de uma declaração de imposto de renda, está-se a par, significa que não se está em atraso com a declaração. Estar a par, para um analista, seria então não estar *em atraso* com os seus casos.

Paire [parelha], substantivo feminino, designa um pertencimento a um mesmo conjunto de duas coisas ou de duas pessoas semelhantes. Pode haver uma pitadinha de ironia quando se diz "os dois formam um belo par", a respeito de duas pessoas que estão mais para animais.

Notemos que Lacan não fala de analisantes nem de transferência, aliás. Ele diz: "os casos de urgência". "Caso" não deve ser entendido no sentido do caso a ser colocado nas caixinhas psiquiátricas, mas no sentido da palavra latim *casus*, aquilo que tomba, aquilo que cai — situando-se, então, num certo nível de referência significante, e no nível do objeto *a*. Isso traz a questão do *estilo* do analista, que compete à sua faculdade de ocupar o semblante do objeto *a*[6]. O estilo remete à escrita e não soa inadequado Lacan falar, no texto, do seu dever de escrever. Várias coisas ligam-se simultaneamente aí.

A "par" remete, no fundo, à noção de partes iguais entre analista e analisante — o analisante é um irmão no discurso, Lacan chegou a dizer —, e eles estão, nesse aspecto, em pé de igualdade no discurso; não há dominação de um pelo

---

[6]LACAN, J. "Abertura desta coletânea". In: LACAN, J. (1966) *Escritos*. Trad. V. Ribeiro. Rio de Janeiro: Editora Zahar, 1998, p. 11; trad. modificada: "É o objeto que responde à pergunta sobre o estilo que formulamos de começo de partida".

O ESTILO DO ANALISTA

outro nesse nível. Isso vai ao encontro de outros dizeres de Lacan, como quando ele afirma que o analista é metade do sintoma do analisante.

A "par" significa que o analista não está em atraso com o que tem de fazer com ele. Mas, para não estar em atraso, ele tem de se apressar, como no tempo lógico. O surpreendente é que ele coloque junto com a pressa aquilo que está do lado da escrita, da letra. Pode-se encontrar essa associação na palavra "precipitado": "precipitar-se" é se apressar, se jogar para frente, e o precipitado é também o precipitado químico, que se deposita; ou seja, aquilo que, segundo Lacan, caracteriza a letra em relação à lalíngua — "não há letra sem lalíngua, e é esse o problema; como é que, lalíngua, isso pode se precipitar na letra?"[7]. A pontuação da sessão de análise, como assinalamos, inscreve-se nesse "precipitado".

A pressa não é necessariamente um tempo curto, ela pode durar vários anos. Lacan falou em pressa para a *escrita* de *Finnegans Wake*, ao passo que ela levou 17 anos.

A associação do tempo da pressa com o escrito não deve nos espantar desmesuradamente, já que Lacan — e eu o ressalto — situou no nível do objeto *a* a função do estilo. De igual maneira, o elo que liga objeto *a*, causa de desejo, ao escrito é precisamente o da pressa. Isso resulta da nova interpretação que ele faz do *tempo lógico* em seu seminário *Mais, ainda*, ao mesmo tempo que ele cifra o objeto *a* com o número de ouro da divisão harmônica: "Pode-se, então, ler muito bem aí [no tempo lógico] — *se se escreve, e não somente se se tem bom ouvido* — que a função da pressa é

---

[7]LACAN, J. (1974) "La Troisième", *Lettres de l'École freudienne de Paris*, n. 16, 1975.

163

a função desse pequeno *a*, desse pequeno *a*-pressado"[8]. Isso não quer dizer que haveria um novo objeto *a* que seria o objeto apressado, mas apenas que há uma condição de produção do objeto *a* que se faz na pressa.

Não se deveria pensar que o par funciona apenas no imaginário, numa relação de transitivismo dual. Com efeito, a palavra "par", significando aquilo que está *junto*, não se reduz a evocar uma relação dual. O par ecoa a *dis-paridade* subjetiva que Lacan opõe à *inter-subjetividade* em seu seminário A *transferência* — cujo título exato, aliás, é A *transferência em sua disparidade subjetiva, sua pretensa situação, suas excursões técnicas*. Para fazer par é preciso uma disparidade. "Fazer par" é da ordem de uma disparidade subjetiva, na medida em que não se ampara na noção de dois sujeitos, e sim de um sujeito lógico em relação ao objeto *a* do caso de urgência, isto é, da pressa. O *conjunto* do par vai ao encontro da teoria dos conjuntos, em que a noção de par faz referência à noção de "par ordenado", ou seja, um conjunto cujos elementos são postos numa determinada ordem que, para ser demonstrada, recorre à propriedade de inclusão dos conjuntos[9]. Penso que é a ele que Lacan se refere no texto. Com efeito, ele já definiu o par significante S_1-S_2 como "par ordenado"[10].

[8]LACAN, J. (1972-1973) *O seminário, livro 20: Mais, ainda*, 2ª ed. Trad. M.D. Magno. Rio de Janeiro: Editora Zahar, 1985, p. 67; trad. modificada. A nossa transcrição difere aqui da versão Seuil.

[9]HALMOS, P. R. *Introduction à la théorie des ensembles*. Paris: Éd. Jacques Garrabé, 1997, p. 31. O par se escreve (a,b) e ele é igual a {{a} {a,b}}, em que a é dito "primeiro" em relação a b, pois está incluído com b em {a,b} e sozinho em {a}.

[10]LACAN, J. (1968-1969) *O seminário, livro 16: De um Outro ao outro*, Trad. V. Ribeiro. Rio de Janeiro: Editora Zahar, 2008, p. 70-ss.

Por outro lado — e voltaremos a isso no Capítulo XII —, num conjunto é preciso contar um elemento *a mais*, que é representado pelo conjunto vazio, o qual se escreve "Ø"[11].

Ora, em seu artigo "Situação da psicanálise e formação do psicanalista em 1956", Lacan já havia introduzido a noção de *um-a-mais*, isto é, de um terceiro termo (então identificado à mediação, ao intermédio da palavra) que permite sair de uma relação binária, tal como ela é evocada por Paul Valéry numa passagem de *O Senhor Teste*, sobre aquilo que ele chama de "profissões delirantes". Os sujeitos seriam átomos disso, portadores de dois elétrons dos quais um diria "só tem eu, eu, eu", e o outro gritaria "mas tem fulano, beltrano... e aquele outro"[12]. "É assim", escreve Lacan, "que os *number one* [números um] que aqui pululam se mostram ser, para um olhar experiente, outros tantos números dois"[13].

Lacan introduz, a partir daí, a noção de *um-a-mais*; noção que permite sair da relação imaginária delirante. Ele o faz não sem citar também André Gide — que, em *Paludes*, evoca a tradução burlesca do verso de Virgílio "*Numero Deus impare gaudet*" (Deus se regozija do número ímpar) por "o número

---

[11]O seminário *De um Outro ao outro* explora longamente os recursos da notação do par ordenado, bem como a sua reescrita em série que materializa a figura do *cross-cap*, simbolizando a inapreensibilidade do A furado pela *Urverdrängung*, o recalque originário. É nesse sentido que o Outro é "formilhão do *a*".

[12]Aquele "Outro", escreve Lacan em "Situação da psicanálise e formação do psicanalista em 1956" (*Escritos*, Trad. V. Ribeiro. Rio de Janeiro: Editora Zahar, 1998, p. 482), transformando a ortografia de Paul Valéry para, ao que me parece, precisamente introduzir a noção de *um-a-mais*.

[13]LACAN, J. "Situação da psicanálise e formação do psicanalista em 1956", In: LACAN, J. (1966) *Escritos*, Trad. V. Ribeiro. Rio de Janeiro: Editora Zahar, 1998, p. 482.

dois se regozija de ser ímpar". Lacan mostra que o número dois pode, com efeito, se regozijar, contanto que faça valer o *um-a-mais* de que isso necessita.

Por conseguinte, "fazer par com os casos de urgência" é, simultaneamente, referir-se a um par ordenado de significantes num conjunto e fazer surgir essa dimensão fugidia, "precipitada", do *um-a-mais*, que é a conta do sujeito. Esse movimento não deixa de evocar para nós o do turbilhão, digamos, do par ordenado de significantes, e aquilo que ele escarra de volta.

O turbilhão é convocado por Lacan para falar dos nomes do pai, e a homofonia entre *paire* [parelha], *pair* [par] e *père* [pai] não é, sem dúvida, um acaso. Ela testemunha o deslocamento na abordagem dos nomes do pai, a saber: a destituição do significante simbólico, único, hierarquizado, em prol de uma multiplicidade de nomes, de nomes do pai, que fazem com que exista dizer, nomes "escarrados de volta" pelo turbilhão: "Um furo [o do "sou o que sou"], isso turbilhona; ou melhor, isso engole; e depois há momentos em que isso cospe de volta, isso escarra de volta o quê? O nome, é o pai como nome"[14]. Noutro momento, Lacan fala também de "escoisarro", o que nos lembra a Coisa.

O "dever" de escrever, referido a uma prática da análise da qual Lacan nos dá a ouvir alguns lineamentos, ilustra-se em seu texto "Homenagem, feita a Marguerite Duras, com o arrebatamento de Lol V. Stein", do qual falamos no primeiro capítulo. A homenagem de Lacan procede a uma espécie de retorno ao seu dizer, em que ele evita a armadilha da metalinguagem graças ao seu estilo. Há nesse texto, ao que me

---

[14]LACAN, J. (1974-1975) *Le séminaire, livre XXII: R.S.I.*, sessão de 11 de maço de 1975, sessão de 15 de abril de 1975, inédito.

parece, algo que nos permite captar o que é preciso entender por "fazer par" e "estar a par com os caso de urgência", na medida em que eles convergem na revelação do *um-a-mais* e na escrita da topologia do Outro, "formilhão do *a*"[15].

[15]LACAN, J. (1968-1969) *O seminário, livro 16: De um Outro ao outro*, Trad. V. Ribeiro. Rio de Janeiro: Editora Zahar, 2008, p. 292; trad. modificada. [No original, trata-se do termo *en-forme*, no qual ecoa *enforme* (formilhão): nome da peça que serve de molde/fôrma para a construção de chapéus. (N. de T.)].

11

O eco do fato de um dizer no corpo

Vamos agora encarar a questão do desejo do analista, na medida em que a sublimação aí opera, a partir da fantasia do analista. Uma referência — única em Lacan, até onde tenho conhecimento — nos convida a isso. Ela se encontra na última sessão do seminário *L'acte psychanalytique* [O ato psicanalítico]:

> E o que é interpretar alguma coisa? Nós nunca lhes interpretamos o mundo; nós lhes aportamos, assim, um pedacinho de alguma coisa com cara de ser algo que teria assumido uma posição, sem eles saberem, nos seus respectivos discursos. De onde é que nós, analistas, tiramos isso? Tem algo sobre o qual eu adoraria fazer com que os

senhores meditassem este ano: são as *palavras congeladas de Rabelais*. [...] O que a interpretação desencadeia nem sempre é muito nítido, em termos de se tratar de realidades de vida ou de morte. Isso na direção do que eu os teria levado este ano — se pude falar do ato psicanalítico até o fim —, isso teria sido para dizer aos senhores que não foi à toa que eu lhes falei do desejo do psicanalista, pois é impossível de acertar, aliás, só a *fantasia do psicanalista*. E é isso, certamente, que pode causar um pouquinho de frisson; mas não estamos nem perto disso, pelo tempo que voa: que é da fantasia do psicanalista — a saber, daquilo que há de mais opaco, de mais fechado, de mais *autista* em sua fala — que vem o *choque com o qual se descongela*, no analisante, a palavra, e onde insistentemente vem se multiplicar essa função de *repetição* em que podemos lhe permitir captar esse saber do qual ele é joguete.[1]

"O choque com o qual a palavra descongela"

A referência ao autismo tem por onde surpreender, e não somente porque ele renova, hoje em dia, uma querela nacional com as TCC[2] ou porque suplantou o "autoerotismo" de Freud. Há a aproximação do autismo com a fala. Com efeito, é preciso justamente afirmar que, se um autista não fala, isso não significa que ele está fora da linguagem e fora da fala. Muito pelo contrário, sustenta Lacan — afirmando, assim, uma posição que vai de encontro a concepções deficitárias do autismo —:

---

[1]LACAN, J. (1967-1968) *Le séminaire, livre XV: L'acte psychanalytique*, sessão de 19 de junho de 1968, inédito.
[2]Terapias cognitivo-comportamentais. (N. de T.)

Trata-se de saber por que é que há algo no autista, ou naquele que chamamos de esquizofrênico, *que congela* — se assim se pode dizer. Mas os senhores não podem dizer que ele não fala. Que os senhores tenham dificuldade de ouvir, de dar alcance ao que eles dizem, isso não impede que eles sejam personagens sobretudo *verborrágicos*.[3]

"Verborrágico" refere-se a uma fala prolixa de pouco sentido. Se o autista é "verborrágico" é porque ele está, sim, inscrito na linguagem e na fala; com a ideia, ademais, de que na fala a ênfase é posta no *verbo*, com múltiplas ressonâncias. "Verborrágico" remete também ao "verbal" da alucinação — da qual se sabe, como tornaremos a ver, que não é necessariamente sonorizada. Eu diria que, no autista, pode se tratar do eco do pensamento.

A fala pode congelar. Não é a primeira vez que Lacan se refere à expressão "palavras congeladas" de François Rabelais, mas a associação da palavra congelada ao autismo nos remete diretamente ao texto de *L'acte psychanalytique*, que também os associa.

O mito das palavras congeladas sai da boca de Pantagruel no *Livro Quarto*, Capítulos LV e LVI.

Embarcado em alto mar, Pantagruel escuta diversas vozes pelos ares, sem ver ninguém. Os outros também escutam e são tomados pelo medo. Pantagruel relata teorias de diferentes autores sobre as palavras que congelam no inverno. Os protagonistas se perguntam se essas palavras não estão descongelando, pois eles se encontram nos confins do mar de Gelo, onde as palavras descongelam. Pantagruel queria

---

[3]LACAN, J. "Conférence à Genève sur le symptôme", *Bloc-notes de psychanalyse*, n. 5, 1975, p. 17.

O ECO DO FATO DE UM DIZER NO CORPO

ver essas palavras não descongeladas. Elas se parecem com drágeas com cores de brasões, que fundem depois de serem aquecidas. Ao se fundirem, fazem todo tipo de sons, mais ou menos compreensíveis, dando lugar a todo tipo de equívocos. Alguns quiseram armazená-las, mas Pantagruel rejeita, dizendo ser loucura. Rabelais termina o relato do episódio contando que Panurge, levando ao pé da letra o que disse um de seus colegas, que lhe repreende, brada: "Prouvera a Deus que aqui, sem mais longe seguir, a Diva Garrafa me desse a letra".

Os historiadores chegaram a reconhecer uma referência ao escrito nas palavras congeladas, pois isso se passava na época do nascimento da imprensa. Também está em jogo no texto de Rabelais a origem da linguagem.

Seja como for, a oposição entre palavras congeladas e palavras descongeladas é significativa. As palavras congeladas estão do lado do ver e não se as escuta. Elas são de diferentes cores, correspondendo às dos brasões — logo, simbólicas —, mas, por si sós, desprovidas de sentido. Aquecidas, podem ganhar sentido; este, porém, é cheio de equívocos e os sons misturam-se aos ruídos e à música. Tira-se prazer disso e não se pode armazená-las — seria loucura.

Como é que esse texto de Rabelais aclara a passagem do seminário de Lacan sobre a interpretação psicanalítica?

Trata-se de descongelar as palavras do analisante, de lhes restituir a fluidez e de fazer com que se escutem os equívocos. Mas o paradoxo é que, para fazer isso, o analista recorre àquilo que nele há de mais autista, ou seja, ao que está congelado. Seria então o choque com o que está congelado no analista que provocaria o degelo no analisante. Como isso é possível? Em que consiste aquilo que está congelado no analista? Para mim, duas pistas parecem se delinear: a que parte da definição, dada por Lacan, do autoerotismo e a que remete à fantasia. Ambas fazem referência ao objeto *a*.

Em seu seminário A *angústia*, Lacan enuncia:

> Antes do estádio do espelho, aquilo que será i(*a*) encontra-se na desordem dos pequenos *a* que ainda não se cogita ter ou não ter. Este é o verdadeiro sentido, o sentido mais profundo a ser dado ao termo "autoerotismo": sente-se falta de si, se assim posso dizer, de cabo a rabo. Não é do mundo externo que sentimos falta, como há quem o expresse impropriamente; é de nós mesmos.[4]

A escrita i(*a*) encontra o seu lugar no esquema ótico e designa a imagem real, uma realidade do corpo que o sujeito perde no seu interior[5]. É um si anterior ao eu da imagem no espelho, ainda que seja essa última que permite um acesso à imagem real. Ali os objetos *a* ainda estão desordenados. O que há de mais autista na fala do analista deveria ser entendido como vindo desse lugar onde falta o si, um si que reúne seus objetos *a* em i(*a*), um "estado anterior ao surgimento da imagem i(*a*) — anterior à distinção entre todos os pequenos *a* e essa imagem real, em relação à qual eles serão esse resto que se tem ou não se tem"[6].

A partir desse estado, desse monte de *a*, o sujeito se unifica.

---

[4]LACAN, J. (1962-1963) O *seminário, livro 10: A angústia*. Trad. V. Ribeiro. Rio de Janeiro: Editora Zahar, 2005, p. 132; trad. modificada.

[5]LACAN, J. (1960) "Observação sobre o relatório de Daniel Lagache". In: LACAN, J. (1966) *Escritos*. Trad. V. Ribeiro. Rio de Janeiro: Editora Zahar, 1998, p. 682.

[6]LACAN, J. (1962-1963) O *seminário, livro 10: A angústia*, Trad. V. Ribeiro. Rio de Janeiro: Editora Zahar, 2005, p. 133.

Longe de ser suficiente, é em torno da fórmula ($\lozenge a$) — em torno do ser do *a*, do mais-gozar — que se constitui a relação que nos permite, até certo ponto, ver se realizar essa soldadura, essa precipitação, esse congelamento que faz com que possamos unificar um sujeito como sujeito de todo um discurso.[7]

Lacan propõe, em seguida, um esquema que

permite conceber que é em torno da fantasia que se desenrola o que acontece na produção do *a*: $\$/a$ e $\$\lozenge(\$\lozenge(\$\lozenge a))/a$. A reiteração de um significante que representa o sujeito, S barrado, em relação a ele mesmo é correlata do *a* colocado embaixo da barra. Inversamente, a relação entre o sujeito e o objeto ganha, por causa disso, consistência em ($\$\lozenge a$), onde se produz alguma coisa que já não é nem sujeito, nem objeto, mas se chama "fantasia". A partir daí, os outros significantes, ao se encadearem, ao se articularem — e, ao mesmo tempo, ao se congelarem no efeito de significação —, podem introduzir esse efeito de metonímia que solda o sujeito.[8]

Assim, a noção de gelo faz a ponte entre o que há de mais autista na fala do analista e em sua fantasia, a qual é suporte de um desejo — não articulável, porém articulado.

O choque do gelo na fantasia da fala do analista com a fantasia do analisante pode provocar um degelo das suas palavras, fazendo com que ele escute as equivocidades

---

[7]LACAN, J. (1968-1969) *O seminário, livro 16: De um Outro ao outro*. Trad. V. Ribeiro. Rio de Janeiro: Editora Zahar, 2008, p. 22; trad. modificada.
[8]*Ibid.*, p. 23; trad. modificada.

destas. Há choque de fantasia com fantasia. O propulsor da interpretação analítica não reside somente nas equivocidades do significante; estas devem ser correlatas de um choque de fantasia com fantasia. A interpretação não se faz somente com os significantes de lalíngua, mas também com os objetos *a*, que estão do lado da letra.

Michel Leiris relata uma recordação de infância que ilustra o tipo de choque em jogo. Um de seus brinquedos (um soldado), por descuido seu, caiu no chão[9]. Correu grande risco de se quebrar, pois havia caído em cheio. "Um dos meus brinquedos, isto é, um dos elementos do mundo ao qual, naquela época, eu mais estava intimamente apegado", conta o escritor. Rapidamente a criança se abaixa e pega de volta o soldado caído, olha para ele e o manuseia. Oh! Alegria por não ter quebrado. Então ele grita: "...Elizmente!". No cômodo em que ele se encontra, outra pessoa da família, mais velha, mais experiente, comunica-lhe que não se diz "...Elizmente", mas "felizmente".

> A observação cortou o meu barato, ou melhor — me deixando atônito por um instante —; fez logo substituir a alegria, pela qual meu pensamento tinha sido inicialmente preenchido por inteiro, por um sentimento curioso, do qual mal consigo, hoje, trespassar a estranheza. [...] Essa palavra, empregada por mim até então *sem consciência alguma de seu sentido real, como pura interjeição*, está ligada a *"feliz"* e, pela virtude mágica de uma aproximação como essa, viu-se repentinamente inserida em toda *uma sequência de significações precisas*. Apreender numa *tacada*, em sua

---

[9]LEIRIS, M. *Biffures, La règle du jeu*, tome I, Paris, Gallimard, 1975, p. 11-12. Les passages sont soulignés par nous.

integridade, essa palavra que, antes, eu sempre havia *arranhado* assume uma feição de descoberta, como o brusco dilaceramento de um véu ou o estrondo de alguma verdade. Eis que esse vago vocábulo — que, até então, me tinha sido totalmente *pessoal* e *permanecia como que fechado* — foi, por um acaso, promovido ao papel de elo de um *ciclo semântico*. De coisa própria tornou-se coisa comum e aberta. Aí está ele, num instante, tornado coisa compartilhada ou — caso se queira — *socializada*. Ele já não é, agora, a exclamação confusa que escapa dos meus lábios — ainda bem próxima de minhas vísceras, como o riso ou o *grito* —; é, entre milhares de outros, um dos elementos constitutivos da linguagem, desse vasto instrumento de comunicação do qual uma emanação fortuita, emanada de uma criança mais velha ou de uma pessoa adulta, a propósito da minha exclamação consecutiva à queda do soldado no assoalho da sala de jantar ou no tapete da sala de estar, permitiu-me entrever a existência exterior a mim mesmo e cheia de estranheza. [...] Pois essa palavra mal pronunciada, e da qual acabo de descobrir que, na verdade, não é aquilo que eu havia acreditado até ali, colocou-me em condições de pressentir confusamente — graças à espécie de desvio, de discrepância que se encontrou, desse modo, impressa em meu pensamento — em que é que a linguagem articulada, *tecido aracniano das minhas relações com os outros*, me ultrapassa, estendendo para todos os lados as suas misteriosas antenas.

"...Elizmente" funcionou como uma palavra congelada, "*fechada*", extrassenso, de uso pessoal. O choque com "felizmente" — uma espécie de duplo, ou eco, vindo de uma autoridade (que talvez também a utilize como palavra congelada, aliás) — produz esse efeito de abertura num tecido aracniano de significações. Esse exemplo revela, a propósito, que o choque se produz no nível da juntura entre o sentido e a significação. A significação, extrassenso, de uma interjeição é pressionada por outra significação que abre para cadeias de sentido cuja significação, metonímica, vai enxamear e girar em torno de um vazio.

O exemplo de Leiris também coloca em jogo uma função da letra: na maiúscula de "...Elizmente" e na elisão do "efe" de "felizmente". Acaso o "efe" elidido não tem valor de objeto *a*?

Isso nos leva a sobrepor à articulação do sentido com a significação aquela feita por Lacan entre lalíngua e a letra, enquanto se interroga a respeito dela, e que se enoda com a "precipitação" (tempo de pressa e depósito de letra), tal como já apontamos[10].

As palavras congeladas teriam, então, justamente a ver com a escrita, tal como sustentado por comentadores do texto de Rabelais. Nesse caso, para Lacan, trata-se da escrita da fantasia fundamental com a sua escrita topológica.

Como é que, num só tempo, a interpretação pode enodar palavras congeladas e descongeladas, sentido e significação, lalíngua e objeto *a*? Acaso não seria por meio do eco entre esses diferentes pares, da ressonância do choque das palavras congeladas? O eco delas não agiria como terceiro?

Seria preciso, para conseguir julgar, desenvolvimentos que excedem o nosso propósito aqui. Desejamos apenas associar essas questões ao nosso ponto de partida, o da experiência da fantasia fundamental que devém a pulsão, e

---

[10]LACAN, J. (1974) "La Troisième", *Lettres de l'École freudienne de Paris*, n. 16, 1975.

O ECO DO FATO DE UM DIZER NO CORPO

isso na medida em que a pulsão é "o *eco* no corpo do fato de que há um dizer"[11].

Tomemos o termo "eco" ao pé da letra e abordemos a sua função.

Um silêncio do eco, fundador de realidade

Em meu livro sobre o estádio do eco[12], insisti sobre a função de "repetição alterante" que ele constitui. O eco é a ressonância que cria os equívocos do significante (que é, por definição, não idêntico a ele mesmo), com os quais a interpretação pode agir sobre o sintoma. Muito antes da psicanálise, no entanto, os poetas haviam feito com que o eco interviesse para escrever versos ditos, justamente, "em eco" — redobrando a rima[13]. O próprio Ovídio, autor de uma das versões do mito de Eco, apontava que a ninfa colocava algo de si ao devolver suas palavras (*sua verba*) ali onde só se escutavam sons (*sonos*).

O eco é um nome da alteridade daquilo que se diz. Ele representa o que ressoa para aquele que fala e que lhe retorna com um desvio de sentido. Também com um desvio de gozo, por conta das vibrações — timbre, entonação, ritmo, sotaque, altura — que a voz faz ressoar no corpo, em razão (*rassom*) da barreira de silêncio própria ao eco.

A voz foi isolada por Lacan como objeto *a* em 20 de maio de 1959, em seu seminário *O desejo e sua interpretação*, a

---

[11]LACAN, J. (1975-1976) *O seminário, livro 23: O sinthoma*. Trad. S. Laia. Rio de Janeiro: Editora Zahar, 2007, p. 18; trad. modificada (grifo de É. Porge).
[12]PORGE, É. (2012) *Voz do eco*. Trad. V. Veras. Campinas: Mercado de Letras, 2014.
[13]Citemos o "Dialogue d'un amoureux et d'Écho", de Joachim du Bellay (cf. *Essaim*, n. 32, p. 43).

partir das alucinações verbais — das quais faz parte o eco do pensamento — e no âmbito de uma explicação da fórmula da fantasia fundamental. Isso é capaz de nos lembrar que a voz não deve ser reduzida à sua pura sensorialidade. A voz é a-fônica. O silêncio reveste a voz, não somente enquanto ausência de ruído, mas na medida em que o silêncio é o silêncio do Outro na montagem da pulsão invocante. O silêncio do Outro é "o vazio do Outro como tal, o *ex-nihilo* propriamente falando"[14]. Não há Outro do Outro, ele não pode responder nem por uma garantia última, nem pelo enigma de seu desejo e de seu gozo. O vazio do Outro coloca em questão o sujeito suposto saber. Georg Cantor experimentou isso de forma dolorosa, convocando a garantia divina ao inventar os números transfinitos[15].

O eco presentifica a parte de silêncio na voz. Se não houvesse o silêncio, não se escutaria o eco.

O silêncio é a tela, nos dois sentidos do termo (por analogia com o objeto *a*, olhar): aquela na qual a voz se projeta e aquela que a mascara. A verdadeira estrutura da voz é temporal; ela é representada pela escansão, a pausa da voz. No turbilhão da pulsão invocante em que ressoam o grito, a voz, o silêncio, o canto..., o eco é um termo relacional; ele pertence à *mesologia*, na qual Lacan deposita suas esperanças, e isso dificulta cingir suas características.

Paradoxalmente, o eco pode também servir de motor de identificação, como em Pessoa: "Criei-me eco e abismo,

[14]LACAN, J. (1962-1963) *O seminário, livro 10: A angústia*, Trad. V. Ribeiro. Rio de Janeiro: Editora Zahar, 2005, p. 300; trad. modificada.
[15]CANTOR, G. *La théorie Bacon-Shakespeare: le drame subjectif d'un savant.* Org. PORGE, É.; Trad. M. Drouin, C. Froissart Knoll, J. de Maussion. Paris: G.R.E.C., 1996.

pensando"[16]. Reencontramos essa problemática no diálogo com aqueles que estão submetidos à ecolalia ou ao eco do pensamento. No que concerne à ecolalia, já mostrei (com o exemplo de Louis Wolfson, em *Le schizo et les langues* [O esquizo e as línguas]) a importância da precipitação da letra — e, mais especialmente, da *consoante* — na resolução de seu sintoma[17].

As observações de pessoas alucinadas e surdas-mudas não são menos preciosas. Materializa-se aí, como já apontava Lacan em 1949, o fato de que "é a audição que impede de escutar"[18]. Citemos o artigo do psiquiatra alemão A. Cramer — "A propósito das alucinações nos surdos-mudos doentes mentais" (1896)[19] — que apresenta o registro de seu diálogo, por escrito, com um homem de 37 anos, surdo de nascença, diagnosticado como paranoico. Esse exame é exemplar no que concerne ao caráter não sonorizado das alucinações verbais, e em particular do *eco do pensamento*, termo que descobrimos ter sido introduzido pelos próprios doentes, antes de Clérambault. Cramer observa que o eco do pensamento não precisa de imagens sonoras ou motoras das palavras; e que

---

[16]PESSOA, F. *Livro do desassossego: composto por Bernardo Soares, ajudante de guarda-livros na cidade de Lisboa*. Org. ZENITH, R.. São Paulo: Companhia das Letras, 2006, p. 123.

[17]PORGE, É. "Entre voix et silences: tourbillons de l'écho", *Essaim*, n. 32, 2014, p. 55-ss.

[18]LACAN, J. "Intervention sur l'exposé de J. Rouart: 'Délire hallucinatoire chez uma sourde muette'", *Évolution psychiatrique*, 1949, fascículo II.

[19]CRAMER, A. "Über Sinnestäuschungen bei geisteskranken Taubstummen", *Archiv für Psychiatrie und Nervenkrankheiten* (Berlin), agosto de 1896, vol. 28, n. 3, p. 875-897. Em francês: "À propos des hallucinations chez les sourds-muets malades mentaux" [Trad. e Apres. J. Adam], *Analytica*, n. 28, 1982. Disponível no site de revista *Essaim* (<www.essaim.net>), na seção "Documents", n. 32.

se trata, no entanto, para um surdo, de pensamentos colocados em palavra. O eco é como que um duplo falado dos pensamentos que chega ao mesmo tempo que os pensamentos ou antes[20], ou no só-depois (*Nachsprechen der Gedanken*). O eco tem a temporalidade da fala, mas sem sonorização. A sua realidade é fugidia, difícil — ou até impossível — de fixar. O eco desempenha, para o doente e para o psiquiatra, o papel de uma terceira pessoa. Ele desempenha um papel de interlocução e de endereçamento entre os dois locutores. Cramer também observa que o eco pode se produzir em pessoas não diagnosticadas como psicóticas (e não necessariamente surdas).

As considerações precedentes nos levam a não restringir a função do eco à de operador de equívocos do significante. Diante da dificuldade de cingir a realidade do eco, ligada à sua mesologia, pode-se perguntar se não seria preciso, antes mesmo, conceder a ele uma dimensão à parte e considerá-lo fundador de realidade. É a pergunta que Lacan faz em 6 de janeiro de 1972. Concluindo que "a razão [...] tem a ver com alguma coisa [...] de ressoante", ele dá um passo a mais: "O que ressoa, seria isso a origem da *res*, com a qual se faz a realidade?"[21]. Isso se justificaria na medida em que a realidade é estruturada pela linguagem, pelos significantes cujo eco revela a não identidade a eles mesmos. Isso é tudo? Será que não há um real (impossível) em jogo? "Busca-se, além desse ponto [do formalismo lógico-matemático], saber

[20]Como no poema de Pessoa "Ó sino da minha aldeia": "E é tão lento o teu soar, / Tão como triste da vida, / Que já a primeira pancada / Tem o som de repetida".
[21]LACAN, J. (1971-1972) *Estou falando com as paredes*. Trad. V. Ribeiro. Rio de Janeiro: Editora Zahar, 2011, p. 86.

a que *rassom* recorrer quanto àquilo de que se trata, a saber, o real"[22], acrescenta Lacan. Como é que o eco participa disso? Respondo: através do silêncio; ou, antes mesmo, por uma distinção de duas espécies de silêncios.

Começo relatando uma anedota pessoal. Há no Loir-et-Cher um vilarejo troglodita que se chama Trôo, onde se encontra uma curiosidade chamada "o poço que fala". É um poço que remete a um eco muito puro, muito distinto, articulado, a ponto de se ter realmente a impressão de que alguém está falando de volta o que vem como eco. E isso não deixa de provocar, naqueles que dele se aproximam, uma sensação de mal-estar — ou até mesmo de estranhamento. Raros são aqueles que se arriscam a pronunciar palavras bem audíveis e compreensíveis, que possam fazer sentido — contentando-se, a maior parte do tempo, com meros gritos. Uma vacilação na identificação da proveniência do eco se produz no sujeito. Quem fala no eco? Ninguém, justamente. É o eco dos oráculos, a "voz de ninguém", segundo a expressão de Paul Valéry em A *Pítia*[23]. Não é nem o sujeito à beira do poço, nem outra pessoa que estaria lá dentro. A fala se destaca da personificação. Ninguém fala. Isso soa no silêncio da cavidade. O silêncio fala. É a matéria da pedra do poço que fala. Um real do silêncio. Qual silêncio?

Não tanto o do *tacere* quanto o do *silere*. O silêncio do *tacere* é o da palavra que se cala; é um silêncio verbal, o do taciturno. Ele é atrelado ao simbólico. O *silere* é o silêncio

---

[22]*Ibid.*, p. 86-87; trad. modificada. (N. de T.)
[23]VALÉRY, P. *Œuvres*, vol. 1. Paris: Gallimard ("Bibliothèque de Le Pléiade"), p. 136: "Fala uma Sabedoria / Augusta Voz entre vozes, / Percebida ao soar também / Já não ser a voz de ninguém / Mas das ondas e dos bosques".

da natureza, das coisas. É ele que representa o real do eco. É o silêncio das pedras — cuja ressonância um artista como Lee Ufan busca em suas composições[24] — ou o da ninfa Eco transformada em rocha, ou ainda o de Níobe... E por que não o do surdo-mudo, cujos órgãos auditivos estão petrificados? Por que não o do rochedo da castração? Ou o da pulsão de morte, essa sublimação (segundo Lacan, em *A ética da psicanálise*) que Freud diz agir em silêncio?

O rochedo é um real silencioso do corpo contra o qual a linguagem vem se chocar, como nas paredes de um poço. É seu limite e sua condição de possibilidade.

Há paredes de tijolos, mas também paredes de letras. Por exemplo, a parede de letras dos quatro discursos. É a essa parede que o próprio Lacan se dirige, em 1972, de pé na capela do hospital psiquiátrico de Sainte-Anne — um lugar que ainda ressoa os seus primeiros anos de seminário e as suas apresentações de doentes —:

> As paredes, antes de ganharem estatuto, de ganharem forma... é aí, logicamente, que eu as reconstruo. Esse S barrado, esses S_1, S_2 e esse *a* que fiz de brinquedinho pros senhores durante alguns meses são exatamente isso: a parede atrás da qual os senhores podem pôr o *sentido* daquilo que nos concerne, daquilo que acreditamos saber o que querem dizer: a verdade, o semblante, o gozo, o mais-gozar. É em relação àquilo que não precisa de paredes para se escrever — esses termos feito quatro pontos cardeais —,

[24]UFAN, L. *L'art de la résonance*. Paris: Beaux-Arts de Paris éditions, 2013. Cf. a tradução por "ressonância" do japonês *yohaku*, p. 21. A palavra é composta de *yo* "o que permanece" e *haku* "branco". Ela pode designar a margem branca de uma página escrita.

é em relação a eles que os senhores têm de situar aquilo que os senhores são.[25]

Não é preciso, diria eu, paredes de tijolos para que o eco funcione "logicamente". A letra lógica nasceu da criação de espaços vazios na escrita, suscetíveis de serem ocupados por várias espécies de letras. Não haveria, então, um interesse em se representar os quatro discursos como quatro modalidades de ecos, anteriores à construção de paredes de tijolos (da Faculdade, do Paço, do hospital, do consultório analítico)?

O eco, em sua dimensão topológica, encontra-se em certas obras literárias, como a de Dante. É o que o grande medievalista Roger Dragonetti sustenta num belo artigo, "Le sens du cercle et le poète" [O sentido do círculo e o poeta][26]. Ele revela, no *Paraíso*, uma estruturação em espiral em que "o arco externo é engendrado pelo interno, e esse engendramento por reflexão é comparado ao do eco que nasce da voz (*Par.*, XII, 13-15)". O movimento circular que estrutura o conjunto da *Divina Comédia* encontra a sua ressonância na falsa etimologia da palavra "autor", aventada por Dante em *O convívio*.

Segundo ele, "autor" seria proveniente do verbo latim *auieo*, ligar as palavras. A inversão da ordem alfabética das vogais a, e, i, o, u procedida pela palavra *auieo* engendra um movimento em espiral, com *i* no centro, entre *a, u, e e, o*.

---

[25]LACAN, J. (1971-1972) *Estou falando com as paredes*, Trad. V. Ribeiro. Rio de Janeiro: Editora Zahar, 2011, p. 97; trad. modificada.
[26]DRAGONETTI, R. *Dante: la langue et le poème*. Paris: Belin, 2006.

Figura 1. A espiral e o duplo enganchamento.

Esse movimento constituiria a matriz da arquitetura da *Divina Comédia*, tanto no plano da disposição dos círculos dos lugares atravessados quanto no do laço das próprias palavras ou dos próprios versos.

O eco, o sexual da não relação

Em relação ao laço particular mantido pela interpretação com o desejo do analista na sublimação, eu diria que o eco do choque das palavras congeladas oriundas da fantasia do analista pode constituir interpretação no tocante ao que, do real de um corpo — ou seja, a pulsão (invocante, essencialmente; e no mandamento da voz, originalmente[27]) —, enoda-se à escrita de uma topologia. Vamos desdobrar um pouco mais.

"Ao pé do muro da linguagem [...] do mesmo lado que o paciente [...] é nesse muro [...] que iremos tentar responder ao eco de sua fala"[28], já anunciava Lacan em seu primeiro Discurso de Roma, em 1953.

---

[27]LACAN, J. (1962-1963) *O seminário, livro 10: A angústia*, Trad. V. Ribeiro. Rio de Janeiro: Editora Zahar, 2005, p. 279, 328: o sujeito se constitui, originalmente, no mandamento da voz.

[28]LACAN, J. (1953) "Função e campo da fala e da linguagem em psicanálise". In: LACAN, J. (1966) *Escritos*. Trad. V. Ribeiro. Rio de Janeiro: Editora Zahar, 1998, p. 317; trad. modificada.

O eco toca num real, pois a pulsão "é o eco no corpo do fato de que há um dizer", como citamos. O dizer se distingue da enunciação; ele é um ato acoplado a uma enunciação. O dizer ex-siste ao dito. Ele está do lado da ex-sistência do real, para além do imaginário e do simbólico. O dizer é o que "fica esquecido por trás do que se diz naquilo que se ouve", conforme a frase que abre "O aturdito"[29]. O dizer de Freud é o seu achado do inconsciente.

"O dizer de Freud infere-se da lógica que toma como fonte o dito do inconsciente. É na medida em que Freud descobriu esse dito que ele ex-siste"[30]. O dizer de Lacan é o "não há relação sexual", e a renomeação do inconsciente de Freud como *une bévue* [um embuste].

São dizeres da análise que não são atribuíveis às pessoas, ainda que se precise delas para lhes dar seguimento. De igual maneira, o dizer da interpretação ultrapassa as pessoas do analista e do analisante.

A dimensão do dizer que ex-siste ao dito inscreve-se numa referência à topologia — à das superfícies (toro, banda de Moebius...) e, depois, à do nó borromeano —, na medida em que ela não representa um modelo, mas uma renovação do escrito: "A escrita em questão vem de um lugar diferente daquele do significante"[31].

A topologia dos nós permite, ao mesmo tempo, que Lacan renove a sua abordagem do corpo — caracterizando-o como

---

[29]LACAN, J. (1972) "O aturdito". In: LACAN, J. (2001) *Outros escritos*. Trad. V. Ribeiro. Rio de Janeiro: Editora Zahar, 2003, p. 448; trad. modificada. Foi também depois de Sainte-Anne que Lacan proferiu essa frase.
[30]*Ibid.*, p. 453; trad. modificada.
[31]LACAN, J. (1975-1976) *O seminário, livro 23: O sinthoma*, Trad. S. Laia. Rio de Janeiro: Editora Zahar, 2005, p. 141.

"o que se tem", e não como "o que se é". Ora, a consistência desse "o que se tem" pode se desprender de suas amarras às dimensões do simbólico e do real; segundo Lacan, foi o que aconteceu com Joyce. Haveria, portanto, uma "metaforização do corpo" — anterior ao estádio do espelho — que teria fracassado, no *caso* (*casus*, aquilo que cai) de Joyce. Nós voltaremos a esse ponto; por ora, isso explica o fato de que, na pulsão, o dizer e o corpo possam estar associados.

O eco no corpo do fato de que há um dizer é o eco do sexual; mais precisamente, o eco da não relação sexual, que ressoa na pulsão — visto que apenas a pulsão representa, e parcialmente, a realidade sexual. O eco responde da hiância da relação sexual. Ele é aquilo a que o sexual da não relação se reduz. A "pulsão é cor-de-vazio: suspensa na luz de uma hiância" [32]. É o vazio do *silere* do eco.

[32]LACAN, J. (1964) "Do "Trieb" de Freud". In: LACAN, J. (1966) *Escritos*, Trad. V. Ribeiro. Rio de Janeiro: Editora Zahar, 1998,, p. 865; trad. modificada.

12

A mesmidade da diferença

Sublimação ou sintoma? Será que a demarcação é assim tão fácil de estabelecer? Uma pode invadir o terreno da outra, ou elas podem coexistir sem que se tenha por onde não confundi-las. O próprio Freud dá exemplos disso; e Lacan com frequência aproximou a sublimação da perversão — em particular masoquista —: por exemplo, no âmbito da divisão harmônica, como apontamos, ou quando ele caracteriza o nível perverso de "gozar de seu desejo"[1].

Apresentando o caso do jovem "Hans" (de nome Herbert Graf), Freud insere uma nota na qual constata que, desde o início de seu estado de ansiedade, manifestou-se um

---

[1]LACAN, J. (1957-1958) *O seminário, livro 5: As formações do inconsciente.* Trad. V. Ribeiro. Rio de Janeiro: Editora Zahar, 1999, p. 324.

recrudescimento do seu interesse pela música; e disso ele conclui que, de forma sincrônica (*gleichzeitig*) ao recalcamento, produziu-se uma faixa (*Stück*) de sublimação.

Acaso um recalcamento pode favorecer a sublimação? A questão se impõe a partir do estudo de Freud sobre Leonardo da Vinci. O seu desejo de saber sexual (*Wissbegierde*) teria sofrido três destinos: um recalcamento, uma fixação (homossexual) e uma sublimação. Essa última teria conhecido dois tempos: uma primeira sublimação do impulso de saber em pesquisa científica, preparada quando do primeiro recalcamento; e uma segunda, em atividade artística. Esta se apaga em seguida, em prol da atividade de pesquisador, e Leonardo permanece inibido para consumar as suas obras artísticas. A causa para isso seria a falta de atividade sexual, pois "a quase completa supressão (*Unterdrückung*) da vida sexual real não proporciona as condições mais favoráveis para o exercício das tendências (*Strebungen*) sexuais sublimadas"[2].

Notaremos que, para Freud, a propósito, a sublimação — longe de se opor à atividade sexual — nela encontra, ao contrário, uma "condição favorável".

Como é que a questão do laço entre sintoma e sublimação se coloca hoje em dia? De minha parte, entendo-a a partir da constatação de que, após o seminário *De um Outro ao outro*, em 1969, Lacan não enunciou — ao menos explicitamente — nada de novo sobre a sublimação; em contrapartida, produziu algo de novo sobre o sintoma

---

[2]FREUD, S. (1910) "Uma recordação de infância de Leonardo da Vinci". In: *Obras completas*, vol. 9: "Observações sobre um caso de neurose obsessiva (O homem dos ratos), Uma recordação de infância de Leonardo da Vinci e outros textos". Trad. P. C. de Souza. São Paulo: Companhia das Letras, 2013, p. 212.

com seu seminário de 1975 sobre James Joyce, intitulado *O sinthoma*.

Num seminário dedicado ao caso de um dos grandes escritores do século XX bem se poderia esperar que ele falasse da sublimação. Lacan estava num trabalho de invenção tal que não podia tratar de tudo? É uma omissão voluntária? Será que ele chegou a fazer essa questão a si mesmo? O sinthoma seria o novo nome dado à sublimação?[3] Acaso a função do sinthoma torna caduca a da sublimação[4]?

Vou sustentar que a problemática da sublimação não está tão ausente da problemática do sinthoma, e que há razões para que ela não esteja no primeiro plano no caso de Joyce. Isso vai necessitar de um determinado número de desvios, especialmente pela fórmula *Há-Um*.

"Há-Um"

Lembremos que a sublimação, trazida pela divisão harmônica, introduziu o enunciado da não relação sexual antes de ele se formular como tal e de a problemática do sinthoma se apoderar dele com o nó borromeano. Esse nó permitiu a emergência de uma nova forma de sintoma no caso de Joyce. Não me parece, no entanto, que ele invalide a sublimação, visto que a formulação da não relação sexual já estava incluída na sublimação. A questão é, antes mesmo, a seguinte: em que o nó borromeano é um suporte para a sublimação, e não

---

[3] ATTIÉ, J. *Entre le dit e l'écrit*. Paris: Éditions Michèle, 2015, p. 71.

[4] SOLER, C. "La sublimation", *Che Vuoi?*, n. 19, 2003, p. 161: "Foi o sintoma que eclipsou a noção de sublimação, englobando-a em sua definição como formação de gozo". Cf. também SOLER, C. (2015) *Lacan, leitor de Joyce*. Trad. C. Oliveira. São Paulo: Aller, 2018.

apenas para o sinthoma? A propósito disso, já apontei (no Capítulo IX) que a sublimação operava um laço de natureza borromeana entre amor, desejo e gozo.

A divisão harmônica forneceu à sublimação um suporte matemático que representa uma caução de um laço com o real. Dado que o nó borromeano confirma essa caução de um laço com o real — sendo, até mesmo, a sua justificação —, não devemos então pensar que ele irá comportar ainda melhor o que está em jogo na sublimação? Não seria então preciso definir uma abordagem borromeana da sublimação, que dê um resultado diferente da abordagem do sinthoma, mas que não seja necessariamente incompatível com ela?

Retomemos as coisas a partir da diferença entre a divisão harmônica e o nó borromeano, no que concerne à não relação sexual. No caso da divisão harmônica, a não relação sexual se mensura como medida não comum entre o objeto *a* e o Um. No caso do nó borromeano, a não relação se dá entre Um e Um, pois cada um dos anéis (contados como Um) é independente dos outros e só se liga a eles através da nodalidade borromeana que começa com três.

Como é que a passagem se operou em Lacan?

A implantação se efetua desde o seminário *La logique du fantasme* [A lógica da fantasia] com a divisão harmônica. Sua retomada por Lacan faz funcionar simultaneamente, como vimos, duas espécies de Um: o Um unário da identificação e o Um da união do casal, cujo modelo é o da mãe e da criança. Dois anos depois, em 1969, Lacan confessa: "o mais difícil de pensar é o Um. Não é de hoje que se faz esse esforço. A abordagem moderna do Um é escritural"[5].

---

[5]LACAN, J. (1968-1969) *O seminário, livro 16: De um Outro ao outro*. Trad. V. Ribeiro. Rio de Janeiro: Editora Zahar, 2008, p. 119; trad. modificada.

É em 1972, em seu seminário *...ou pior*, que Lacan abraça o problema e se dedica a pensar o Um de forma escriturária, matemática. Ele afirma a existência de uma "bifididade do Um"[6] e se apoia na fórmula "Há-Um" como algo que pende do "não há relação sexual". É, ao mesmo tempo, o ano em que ele faz o achado do nó borromeano. Caiu-lhe feito um anel no dedo, como ele disse.

Em *...ou pior*, Lacan procede a uma leitura cautelosa e minuciosa da teoria dos conjuntos, que se estrutura em torno de duas abordagens do Um: a da sua gênese a partir do zero e a do elemento unário do conjunto vazio.

Ele retoma a distinção do Ser e do Um do *Parmênides* de Platão, com a questão de saber se "o Um *é* Uno", a fim de fazer com que se sinta que há algo de "fugidio" no Um[7]. Como tal, ele surge no lampejo. Quando se o interroga, o Um "se torna como que uma coisa que se desfaz, é impossível relacioná-lo com seja lá o que for, afora a série dos números inteiros, que não é nada além desse Um"[8]. Não há relação do Um com o que quer que seja, a não ser com o Um.

"A mola propulsora da teoria dos conjuntos cabe inteirinha no fato de que o Um — esse Um que há — do conjunto é distinto do Um do elemento"[9]. Lacan conduz sua reflexão distinguindo, na teoria dos conjuntos, o Um da *classe* de equivalência — a partir de um *atributo* comum — e o Um *elemento* do conjunto, sabendo que um conjunto pode, ele

---

[6]LACAN, J. (1971-1972) *O seminário, livro 19: ...ou pior*. Trad. V. Ribeiro. Rio de Janeiro: Editora Zahar, 2012, p. 130; trad. modificada.

[7]A demonstração cantoriana do transfinito du contínuo, não enumerável, pelo procedimento da diagonal é um exemplo disso.

[8]LACAN, J. (1971-1972) *O seminário, livro 19: ...ou pior*, Trad. V. Ribeiro. Rio de Janeiro: Editora Zahar, 2012, p. 128; trad. modificada.

[9]*Ibid.*, p. 138; trad. modificada.

próprio, ser contado como elemento e que sempre se conta o conjunto vazio (cuja notação é Ø) como um elemento do conjunto[10]. A bifididade do Um é, portanto, a do Um do conjunto (ou Um do atributo) e do Um do elemento (ou Um da diferença).

Tomemos, primeiro, o Um do conjunto (ou Um do atributo). Seja a classe de todos os conjuntos que só possuem um elemento: eles são equivalentes, e suas equivalências estão no fundamento do Um do conjunto. É o Um como atributo. O Um é o cardinal do conjunto. O universal se funda a partir de um atributo comum. A relação entre dois conjuntos dos quais cada um é fundado num atributo comum pode se escrever. O cardinal Um do conjunto é fundado pela aplicação biunívoca de um conjunto de um elemento sobre outro. Isso faz aparecer que o Um só começa com a sua falta: isso ocorre quando se colocam em correspondência, por exemplo, um conjunto de garfos e um conjunto de facas; o Um começa quando se diz: "tem um faltando". O Um surge quando há um faltando na aplicação de um conjunto sobre o outro. "O conjunto vazio, portanto, é propriamente *legitimado* pelo fato de ser, se assim posso dizer, a porta cujo atravessamento constitui o nascimento do Um, o primeiro Um que se designa por uma experiência admissível — admissível, digo, matematicamente"[11].

Lacan se apoia precisamente na "legitimação" do conjunto vazio no nascimento do Um para distinguir, em troca, o Um como atributo do conjunto do Um, como elemento do conjunto. Ele identifica todo elemento de um conjunto ao conjunto vazio. O cardinal de Ø é 1: o conjunto, então,

---

[10]Cf. para essa passagem: *ibid.*, p. 138, 140, 156, 158.
[11]*Ibid.*, p. 152, 140; trad. modificada.

A MESMIDADE DA DIFERENÇA

só tem um elemento — o conjunto vazio. O 0 é atrelado ao 1. O 0 deve ser contado 1; logo, todo 1 é um 0 ou conjunto vazio.

É o que Lacan chama de "a mesmidade da diferença"[12]:

> Em suma, convém se aperceber de que, na teoria dos conjuntos, todos os elementos são equivalentes. E é exatamente assim que se pode engendrar a sua unidade. "Distinto" significa apenas "diferença radical", já que nada pode se assemelhar. Não existe espécie. Tudo aquilo que se distingue da mesma forma é o mesmo elemento[13]. Tomando o elemento apenas como pura diferença, também podemos vê-lo como mesmidade dessa diferença. Quero dizer que [...] um elemento, na teoria dos conjuntos, é equivalente a um conjunto vazio, já que o conjunto vazio também pode atuar como elemento. *Tudo aquilo que se define como elemento é equivalente ao conjunto vazio.* Ao ser considerada como isolável — e não tomada na inclusão conjuntista, digamos, que faria dela um subconjunto —, a mesmidade da diferença absoluta é contada como tal.[14]

O Um que se repete é o Um marcado pela falta, pelo conjunto vazio; é o Um da mesmidade da diferença. O Um marcado pela falta está no fundamento da repetição, "em relação a uma estrutura significante" no falar do

---

[12]Cf. o Capítulo VI.

[13]"Num conjunto, se nada distingue um pano de prato de outro, só pode haver *um* pano de prato, assim como só pode haver *um* guardanapo". É o Um enquanto diferença pura, não o Um de atributo. Cf. LACAN, J. (1971-1972) *O seminário, livro 19: ...ou pior*, Trad. V. Ribeiro. Rio de Janeiro: Editora Zahar, 2012, p. 182; trad. modificada.

[14]*Ibid.*, p. 158; trad. modificada.

analisante[15]. O Um é o Um que se repete. Ele é o elemento de diferença na repetição; não é "o mesmo", mas a mesmidade da diferença.

Essa mesmidade da diferença, Lacan também a chama de "diferença absoluta"[16]. Lacan já antecipava isso no final de *Os quatro conceitos...*, ao falar do desejo do analista como sendo o de obter a diferença absoluta[17]. Diferença absoluta, portanto, de um elemento equivalente ao conjunto vazio. Lacan distingue esse Um do significante S_1 que, no discurso analítico, produz-se a partir do sujeito do gozo. Nós mostramos anteriormente (Capítulo VIII) que o significante da diferença absoluta articula-se com o objeto *a* numa outra forma de diferença absoluta, a da condição absoluta do objeto *a*, para que ele estruture uma fantasia, sustentáculo de desejo. Um desejo de obter a diferença absoluta do Um.

O Um, mesmidade da diferença, associa-se à propriedade que Gödel havia designado como a "inacessibilidade" do 2. Só se chega ao 2 pela adição ou exponenciação dos números precedentes: $0+1 = 1$ e $1^2 = 1$. Quanto à reiteração do 1, ela é a reiteração do 0. Em contrapartida, os números inteiros depois do 2 são ditos "acessíveis". Essa propriedade permanece verdadeira (com algumas considerações, apenas[18]) para os números transfinitos de Cantor. Não se chega ao transfinito não enumerável dos números

---

[15]*Ibid.*, p. 159. Lacan demonstra também que o Um é reiteração da falta no triângulo de Pascal (*ibid.*, p. 141).

[16]*Ibid.*, p. 158.

[17]Cf. nosso Capítulo VIII.

[18]BOUSSEYROUX, M. *Penser la psychanalyse avec Lacan*. Toulouse: érès, 2016, p. 104.

reais a partir do transfinito enumerável. Foi o que se chamou de hipótese do contínuo, que Cantor não conseguiu demonstrar — e não sem razão, pois foi preciso esperar até 1963 para que Cohen demonstrasse que ela é *indecidível*; logo, *real*, no sentido de Lacan. Este, com efeito, toma para si essa propriedade da inacessibilidade do 2 para ler nela a confirmação de uma escrita, em números — a exemplo da escrita da divisão harmônica —, da não relação sexual[19]. "Há-Um" e "inacessibilidade do 2" são formas de dizer o indecidível da relação sexual: impossível de demonstrar que é verdadeiro ou que é falso.

A divisão harmônica proporciona um saber sobre a razão da inacessibilidade entre o objeto *a* e o Um, mas não traz garantia sobre a sua verdade. A interpretação, feita por Lacan, da mesmidade da diferença absoluta do Um eleva esse saber à segunda potência, conferindo ao real o sentido do indecidível de demonstrar. Não há relação entre o universal fálico (lado "homem") e a contingência de uma mulher *não toda* no gozo fálico. Cada um dos parceiros é determinado pela repetição do Um da mesmidade da diferença; ou seja, por uma contagem 0 e 1 que não dá 2. O 0 é, para cada um, o "desvanecimento da existência de um dos parceiros, que deixa o lugar vazio para a inscrição da fala"[20]. Para haver relação sexual, seria preciso que eles fossem 2. Ora, "zero e um, isso certamente dá dois no plano simbólico — quer dizer, contando que estejamos de acordo que a existência se enraíza no símbolo. É o que define o

---

[19]LACAN, J. (1971-1971) *O seminário, livro 19: ...ou pior*, Trad. V. Ribeiro. Rio de Janeiro: Editora Zahar, 2012, p. 170.
[20]Lugar vazio que pode se referir ao silêncio do psicanalista, observa Marguerite Charreau.

ser falante. Mas, justamente por conta do dizer, é um ser inapreensível"[21].

---

[21]LACAN, J. (1971-1972) *O seminário, livro 19: ...ou pior*, Trad. V. Ribeiro. Rio de Janeiro: Editora Zahar, 2012, p. 102-103; trad. modificada.

13

O nó borromeano a serviço da sublimação

Retomemos o fio da passagem da divisão harmônica ao nó borromeano, mantendo em perspectiva a relação entre sublimação e sintoma.

Primeira constatação: a questão da relação ou da não relação (aplicada ao sexual) permanece, mas suas coordenadas mudam.

É interessante ler que, desde ...*ou pior*, o Um como mesmidade da diferença prefigura o nó borromeano através da imagem do saco furado para ilustrar "Há-Um":

> Se quiserem uma imagem disso, eu representaria a fundamentação do Há-Um como um saco. Só pode haver Um na figura de um saco, que é um saco furado. Não tem Um que

não saia do saco ou que a ele não regresse. É essa a fundamentação original do Um, a ser captada intuitivamente.[1]

Figura 1.

Em *Mais, ainda*, no ano seguinte, Lacan identifica cada um dos anéis do nó borromeano ao conjunto 1 e 0: "A dita redondela é certamente a mais eminente representação do Um, no sentido em que ela encerra apenas um furo". Ou ainda: "É nesse ponto que o nó borromeano é a melhor metáfora do fato de que nós só procedemos do Um"[2]. E o Outro, que lugar tem ele, pode-se se perguntar? Ele só se apresenta ao sujeito na forma "a-sexuada". O Outro se diferencia do Um, mas a ele não se adiciona. Ele não constitui cadeia com o Um. O Outro é o Um-a-menos[3]. Ele está do lado do objeto *a*. O Outro é "formilhão do *a*", do *a* que o fura[4].

Daí a referência a uma "copulação" entre 1 e a na divisão harmônica — referência que persiste no seminário *RSI* (21 de janeiro de 1975) — em que, ao mesmo tempo, está em questão o nó borromeano.

---

[1] LACAN, J. (1971-1972) *O seminário, livro 19: ...ou pior.* Trad. V. Ribeiro. Rio de Janeiro: Editora Zahar, 2012, p. 141.
[2] LACAN, J. (1972-1973) *O seminário, livro 20: Mais, ainda,* 2ª ed. Trad. M.D. Magno. Rio de Janeiro: Editora Zahar, 1985, p. 172, 174.
[3] *Ibid.*, p. 174.
[4] LACAN, J. (1968-1969) *O seminário, livro 16: De um Outro ao outro.* Trad. V. Ribeiro. Rio de Janeiro: Editora Zahar, 2008, p. 293, 301 (onde há um erro: é preciso substituir A por *a*).

Questões vocabulares

O Um do nó borromeano não evacua a ideia de medida, que é do domínio das normas do mais-gozar: "A referência matemática é assim chamada porque é a ordem em que impera o materna, isto é, aquilo que produz um saber que, por não ser mais que produto, está ligado às normas do mais-gozar, ou seja, do *mensurável*"[5].

A divisão harmônica nos mostrou que a medida era o ponto de partida do incomensurável. Em *RSI*, Lacan remonta ao fundamento da ideia de medida e de medida comum: justamente porque a ideia de medida comum é difícil de definir, "quando não de definir, aí, a unidade como função de medida"[6].

Vamos supor que o nó borromeano seja a melhor representação do Um. Mas será que há uma medida comum entre os Uns dos anéis? Isso implica que eles sejam contados como tantos Uns, fora do sentido fornecido por sua designação pelos nomes de "real", "simbólico", "imaginário". Isso suscita o problema da nomeação do real definido como extrasssenso. Lacan vai resolvê-lo em *RSI*, acrescentando um quarto anel ao nó borromeano com três. Nós já desenvolvemos esse tema noutra oportunidade[7].

Para nos mantermos em nosso propósito aqui, constatamos que a ideia de medida comum entre os anéis que figuram Uns vai ser tratada em termos de *equivalência*.

O termo "equivalência" tem, decerto, uma extensão ampla. Ele cria o valor, isto é, os sistemas de marcação de

---

[5]LACAN, J. (1971-1972) *O seminário, livro 19: ...ou pior*, Trad. V. Ribeiro. Rio de Janeiro: Editora Zahar, 2012, p. 146.
[6]LACAN, J. (1974-1975) *Le séminaire, livre XXII: R.S.I.*, sessão de 11 de maço de 1975, sessão de 10 de dezembro de 1974, inédito.
[7]Cf. PORGE, É. *Lettres du symptôme*. Toulouse: érès, 2010, Capítulo 2.

valor igual entre coisas de ordem diferente (trabalho-salário; significante-significado), o que Lacan revisitou com a distinção marxista entre valor de troca e valor de uso, opondo a noção de valor à de sentido[8].

Todavia, em nosso contexto, vemos que esse termo se associa diretamente à teoria dos conjuntos. A relação de equivalência em matemática é uma relação reflexiva, transitiva e simétrica. É uma generalização da relação de igualdade. Ela retoma, portanto, a relação de igualdade de relações que define a proporção — dentre elas, a divisão harmônica em particular.

É de se notar que, na teoria dos conjuntos — como vimos no capítulo anterior — a relação de equivalência define o cardinal de um conjunto; ou seja, a cifra da classe dos conjuntos que têm o mesmo número de elementos (eles são equipotentes).

O nó borromeano é a melhor metáfora do Um, mas ele não cria relação: isso porque nenhum dos círculos está enodado a outro. É nesse sentido que ele supõe a não relação sexual. Poderiam acreditar que, já que cada um dos círculos, fora de seu sentido, é equivalente ao outro *do ponto de vista do corte de qualquer um deles*, isso cria uma relação de equivalência entre eles — logo, uma relação. Lacan diz o contrário. Como compreender isso? O que se passa com a adaptação (ou subversão?) da noção de equivalência à topologia?

---

[8]LACAN, J. (1957-1958) *O seminário, livro 5: As formações do inconsciente.* Trad. V. Ribeiro. Rio de Janeiro: Editora Zahar, 1999, p. 86, 101; LACAN, J. (1958-1959) *O seminário, livro 6: O desejo e sua interpretação.* Trad. C. Berliner. Rio de Janeiro: Editora Zahar, 2016, p. 123; LACAN, J. (1968-1969) *O seminário, livro 16: De um Outro ao outro.* Trad. V. Ribeiro. Rio de Janeiro: Editora Zahar, 2008, p. 11-25; LACAN, J. (1976-1977) *Le séminaire, livre XXIV: L'insu que sait de l'une-bévue s'aile à mourre,* sessão de 15 de março de 1977.

Primeiramente, não se podem isolar os círculos dois a dois, visto que é preciso *três* deles para se falar em *um* nó borromeano. A dois anéis não encadeados não se pode colocar a questão da relação — ou apenas em condições particulares, as quais logo veremos. O nó borromeano representa uma espécie de bifididade do Um, já que há os Uns dos três anéis e o Um do nó borromeano como tal, que mantém os três unidos. Entre que e que se poderia definir uma relação? O nó borromeano vai, de fato, ao encontro do fundamento do Um, a partir do 0 encarnado pelo furo de cada um deles respeitado pelo nó a três. Logo, os três anéis excluem o dois no qual haveria relação (sexual), no sentido de uma relação de equivalência por bijeção dos elementos de um dos anéis sobre o outro.

Lacan afirma, então, que onde há equivalência, não há relação — sempre em referência à relação sexual —, e vice-versa. No caso em que só há dois anéis, estes não têm de constituir cadeia (um não tem de passar através do furo do outro) para entrar na avaliação da relação. A determinação da relação para dois ou mais anéis borromeanos avalia-se, então, levando em conta a semelhança ou não das formas e os cruzamentos entre os anéis ou de cada um deles consigo mesmo, quando das operações de inversão ou de permutação de anéis. Assim, para o nó composto de um anel simples e de um oito interior que Lacan apresenta em *Mais, ainda*[9], as duas formas se invertem; e Lacan, no início, designa com o termo "sujeito" o duplo enganchamento e com termo "objeto", o outro anel.

---

[9]LACAN, J. (1972-1973) *O seminário, livro 20: Mais, ainda*, 2ª ed. Trad. M.D. Magno. Rio de Janeiro: Editora Zahar, 1985, p. 186. A identificação entre S e *a* fez com que se falasse a seu respeito como "nó da fantasia".

Figura 2. Inversão dos dois anéis.

Eles são "ditos equivalentes"; não há, portanto, relação entre eles. "Ditos equivalentes", para Lacan, visto que não constituem formas de conjuntos fixos entre os quais definir uma relação de equivalência clássica.

A partir dessa forma de equivalência, Lacan, em *O sinthoma*, traz novamente a questão da relação sexual, e isso a partir da reparação de um "lapso" (ou "falta", "erro") do nó; a saber: uma troca entre o que vai por cima e o que vai por baixo — troca que desfaz um nó. No caso, ele escolhe o nó mais simples, o nó trifólio, resultante da colocação em continuidade de um nó borromeano com três:

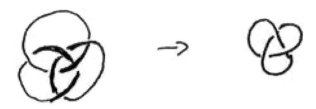

Figura 3. Nó trifólio e colocação em continuidade de um nó borromeano.

Notemos já a importância de partir de um erro de escrita, considerado como formação do inconsciente; erro que se trata de reparar, para definir a relação.

O erro produz-se num cruzamento qualquer pela inversão do que vai por cima com o que vai por baixo da corda; e o nó trifólio se torna, então, um anel:

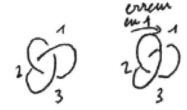

Figura 4. Erro no que vai por cima e o que vai por baixo num nó trifólio.

Conforme a reparação por um outro anel — que impedirá que o nó se desfaça — se produza bem no lugar do erro ou num dos dois outros cruzamentos obteremos resultados diferentes. Se a reparação ocorrer num dos dois outros cruzamentos em que o erro se produziu, isso resultará no nó de dois anéis que são estritamente equivalentes, como o da Figura 2. Logo, está dito não haver relação entre eles:

Figura 5. Nó da não relação (dito "da fantasia").

Em contrapartida, se a reparação do erro ocorrer no nível do cruzamento em que o erro se produziu, os dois anéis não serão inversíveis: eles são ditos "não equivalentes" — e Lacan diz haver relação entre eles, então. É esse nó que ele batiza como "sintoma". A relação (sexual) é uma relação sintomática:

Figura 6. Nó da relação sintomática.

Temos, então, duas formas de reparação do lapso de escrita do nó trifólio: uma que constitui relação e que corresponde ao nó de uma relação sintomática; e a outra que não constitui relação e que Lacan diz corresponder ao nó dos elementos da fantasia. Isso não significa que fantasia e sintoma deixem de ter relações dinâmicas — isso está na origem da psicanálise —, mas é uma forma de distingui-los.

Vê-se que erro e reparação são igualmente do foro de formações do inconsciente. Testemunha disso é Lacan, aliás, que insiste frequentemente sobre as falhas que ele comete com os nós, como se elas lhes fossem inerentes. Acaso um nó não pode, no limite, ser considerado como a falha de um outro nó? Assim o nó trifólio pode ser considerado a falha de um nó com cinco (dito "nó de Lacan"[10]) por erro de cruzamento num ponto:

Figura 7. Um nó com cinco cruzamentos.

[10]LACAN, J. (1975-1976) *O seminário, livro 23: O sinthoma*. Trad. S. Laia. Rio de Janeiro: Editora Zahar, 2007, p. 90.

Isso vai ao encontro da problemática das formações do inconsciente que interpretam o inconsciente. "A interpretação do analista não faz mais do que recobrir o fato de que o inconsciente — se ele é o que eu digo, a saber: jogo do significante — já procedeu, em suas formações (sonho, lapso, chiste ou sintoma), por interpretação"[11]. O nó borromeano não é uma idealidade estanque, ele está atrelado à temporalidade das formações do inconsciente; as suas falhas são reparadas por outras formações do inconsciente.

Nessas transformações, o "sinthoma" — tal como Lacan fala para Joyce — assume um valor particular, individual, e assegura certa fixação do nó. Fixação de uma reparação, visto que Lacan começa designando com o nome de "sinthoma" o próprio fato da reparação — quer ela constitua, ou não, relação[12]. O sinthoma consumado seria a fixação individual da reparação de um nó marcado por um lapso de escrita; e ademais, uma reparação que constituiria relação entre os anéis — que se inscreveria, portanto, como relação sexual sintomática. Nesse nó sabe-se onde é que o lapso se produziu, visto que a reparação se deu no mesmo nível — o que não é o caso quando a reparação se deu num lugar outro que não no nível do lapso de cruzamento. Saber onde o lapso ocorreu sinaliza o trabalho do inconsciente com ele próprio.

A distinção das duas espécies de reparação no nó borromeano permite, a meu ver, fazer uma distinção entre

---

[11]LACAN, J. (1963-1964) *O seminário, livro 11: Os quatro conceitos fundamentais da psicanálise*, 2ª ed.. Trad. M.D. Magno. Rio de Janeiro: Editora Zahar, 1985, p. 125; trad. modificada.

[12]LACAN, J. (1975-1976) *O seminário, livro 23: O sinthoma*, Trad. S. Laia. Rio de Janeiro: Editora Zahar, 2005, p. 91.

sinthoma e sublimação. O sinthoma corresponde a essa fixação que constitui relação sintomática; ao passo que a sublimação, por sua vez, não desemboca nesse resultado e permanece no domínio da não relação sexual, produzindo um nó sem relação que concerne ao objeto *a* (o nó dito "da fantasia"). Isso se inscreve na retomada borromeana da não relação entre o a e o 1 da divisão harmônica.

Tendo o sinthoma sido descoberto por Lacan graças ao nó borromeano, é compreensível que ele tenha dedicado tempo de seu seminário para estabelecê-lo. Isso não significa que a problemática da sublimação esteja descartada; muito pelo contrário, diria eu: ela sai disso enriquecida, mesmo se não for explorada como tal.

Com efeito, ao ligar a "relação" borromeana à mesmidade da diferença do Um, o nó borromeano leva em conta um real da identidade do sujeito; um real que, sem dúvida, a divisão harmônica não alcançava. Essa mesmidade da diferença se encarna na identificação com o sinthoma testemunhado por Joyce.

A divisão harmônica, em curso na sublimação, está mais voltada para a relação do 1 com o objeto *a*. Mas o nó borromeano suporta o três implicado na relação entre os dois termos, 1 e a: cada um dos três anéis pode ser considerado como 1 e o objeto *a* está no ponto triplo do engastalhamento deles. Em referência ao nó borromeano, assim fica mais fácil — do que com a divisão harmônica — abordar o real da fantasia que enoda o objeto *a* ao sujeito; um real da fantasia que, ele próprio, associa-se à *pulsão* num nó borromeano com seis anéis[13]:

---

[13]LACAN, J. (1977-1978) *Le séminaire, livre XXV: Le moment de conclure*, sessão de 10 de dezembro de 1977, inédito.

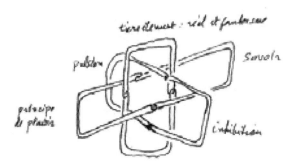

Figura 8. Nó borromeano com 6.

É o real da fantasia, com o seu nó de não relação diferindo daquele do sinthoma, que estaria ativo na sublimação. A favor dessa hipótese, destaco particularmente três fatores com os quais já nos deparamos: o laço da fantasia com a Coisa, via objeto a; a consideração da fantasia como lugar de um axioma, do qual tantos enunciados derivam; o enodamento intrínseco à fantasia das dimensões real, simbólica, imaginária.

No capítulo seguinte, direi que existem em Lacan alusões à sublimação no caso de Joyce, e que teremos de interpretá-las. Elas me levarão a reconhecer a existência de uma parcela de sublimação em Joyce, mas que, pelas razões que veremos, não é suficiente para explicar a relação com a sua obra. Dito de outro modo, em seu caso terá sido preciso a existência de um sinthoma para haver sublimação.

Podemos nos perguntar se Lacan não antecipou esse cenário possível com o caso de Leonardo da Vinci. Eis como, em 1957, ele situa a posição desse artista-pesquisador:

> Em suma, a relação de identificação do eu com o outro que se instaurou nesse caso me parece essencial para compreender como se constituem as identificações a partir das quais

A Sublimação, uma erótica para a psicanálise

o eu do sujeito progride. Parece vir à mente o fato de que, *correlativamente* a toda sublimação — isto é, ao processo de dessubjetivação ou de naturalização do Outro que constituiria seu fenômeno essencial —, sempre se vê produzindo, no nível do imaginário, de uma forma mais ou menos acentuada conforme a maior ou menor perfeição dessa sublimação, uma inversão das relações entre o eu e o Outro.[14]

Segundo Lacan, a relação de Leonardo da Vinci com a Natureza "transforma o caráter radical da alteridade do Outro absoluto em algo acessível por uma certa identificação imaginária"[15], que se encontra em sua escrita espelhada. O caso é diferente do de Joyce. Encontramos, porém, a noção de um sintoma ligado à consistência do imaginário (do Ego?). E se esse último é "correlato" de uma sublimação, será que não se pode, em contrapartida, vislumbrar uma correlação entre sinthoma e sublimação no caso de Joyce?

---

[14]LACAN, J. (1956-1957) *O seminário, livro 4: A relação de objeto*. Trad. D. D. Estrada. Rio de Janeiro: Editora Zahar, 1995, p. 449-450; trad. modificada.
[15]*Ibid.*, p. 445.

14

Sinthoma e sublimação

Lembremos, para começar, as linhas gerais da interpretação do caso de Joyce por Lacan[1]. Ele o aborda como uma forma de suprir um desnodamento do nó borromeano, isto é, como resultado da reparação de um lapso (*calami*). Essa "falha" refere-se à relação de James Joyce com seu pai. Não há encontro verdadeiro entre eles, assim como Bloom não encontra seu filho Stephen no *Ulisses*. James quer fazer um nome para si à custa do pai. Ele quer assumir o nome do Artista, primeiro de sua raça. Por quê?

Precisemos um ponto de método: a causa a ser encontrada infere-se no só-depois do que disse Joyce, justamente

---

[1] SOLER, C. (2015) *Lacan, leitor de Joyce*. Trad. C. Oliveira. São Paulo: Aller, 2018.

em sua tentativa de reparação. É a partir da enunciação do filho que o pai é nomeado. A causa está separada do efeito que ela produz, o desejo; o sintoma, por sua vez, é um resultado[2].

Segundo Lacan, Joyce supre uma carência do pai, carência ligada não à sua personalidade, mas em relação a duas exigências de sua *função*: que haja um laço específico com uma mulher e que o seu próprio gozo não seja demasiado à flor da verve. É uma carência da função paterna, não da pessoa; ela não é objetivável fora do testemunho do filho. Lacan não fala de uma foraclusão do Nome-do-Pai (talvez ele o tivesse feito se não tivesse havido reparação), mas de "foraclusão de fato" — ou seja, de fato do dizer do filho. A foraclusão de fato do dizer é, ela mesma, suprida pelos ditos e pelo traquejo do filho.

A suplência efetua-se materialmente (segundo a materialidade do significante) num lugar preciso de RSI e de maneira precisa, mediante aquilo que Lacan chama de "o Ego de Joyce". O desencadeamento é uma inversão de cruzamento — um lapso *calami* — entre o real e o simbólico; inversão que acarreta uma relação complementar de cadeia entre eles e deixa solto o anel do imaginário:

Figura 1. Efeito do lapso calami entre real e simbólico.

[2]LACAN, J. (1962-1963) *O seminário, livro 10: A angústia*. Trad. V. Ribeiro. Rio de Janeiro: Editora Zahar, 2005, p 310.

Lacan transcreve com essa forma o episódio da surra narrada em *Retrato do artista quando jovem*, em que o autor sente o seu corpo cair feito uma casca. O laço em cadeia do real com o simbólico transcreve a prática literária daquilo que Joyce chamava de suas "Epifanias" — que são relatos breves de momentos fugazes de revelação a partir de coisas percebidas do mundo externo. Elas podem fazer pensar no estabelecimento das formas das alucinações. Elas se juntam aos enigmas que fervilham em *Finnegans Wake*, e que representam tão bem o ser enigmático de Joyce e seu gozo de lalíngua. O Ego de Joyce vem reparar a falha no nível do imaginário (o sinthoma repara o erro ali onde ele se produziu, como dissemos); falha que é a consequência do lapso entre real e simbólico. Ele repara com seu Ego a falha que provocou a queda da imagem do corpo próprio. Esse Ego reparador tem a ver com o imaginário, mas um imaginário despojado de seus ornamentos narcísicos (agressividade, sedução...). É um Ego que não convoca simpatia. Ele é feito do "*book of himself*", dizia Joyce — isto é, de sua obra escrita, à qual ele se identifica, e que "pulveriza" a língua inglesa. Além disso, ele valoriza seu Ego à custa do pai: "o nome que lhe é próprio, eis o que Joyce valoriza à custa do pai. Foi a esse nome que ele quis que fosse prestada a homenagem que ele mesmo recusou a quem quer que fosse"[3]. Seu Ego devém seu nome de sinthoma; daí a renomeação, por Lacan, de "Joyce, o sinthoma". O nó que repara o Ego é um nó com quatro consistências; um nó sintomático, pois constitui uma relação sintomática com RSI, cujas consistências não são

---

[3] LACAN, J. (1975-1976) *O seminário, livro 23: O sinthoma*. Trad. S. Laia. Rio de Janeiro: Editora Zahar, 2007, p. 86.

equivalentes, nem sequer borromeanas. É um nó próprio a Joyce, por deformação do nó borromeano com três.

Nessa configuração do sinthoma, a meu ver, três fatores obstaculizam a realização de Joyce na sublimação: a natureza do seu Ego; a neutralização do inconsciente; a sua relação com Nora, sua mulher.

Seu Ego retém o anel do imaginário, mas é um imaginário cujo corpo é frouxo, desprovido de sentimentos de simpatia, de agressividade, de erotismo. Joyce não fala com o corpo. Ora, na sublimação há formações imaginárias do objeto *a*, em especial nas realizações culturais coletivas, e a relação com a obra é sexualizada.

É um corpo saturado de linguagem. Jogos de palavras, enigmas "pulverizam" a língua, mas eles não ressoam com o leitor como chistes que lhe concederiam acesso ao seu inconsciente. A língua devém um lugar de gozo individual e Joyce "é desabonado do inconsciente"[4]. Logo, também aí há fracasso da sublimação, na medida em que ela é um operador atinente ao inconsciente do sujeito e de outros em relações coletivas.

Por fim — e não é este o menor dos fatores que contrariam a sublimação —, a relação de Joyce com sua mulher não tem nada a ver com o amor cortês, exemplar da sublimação enquanto algo que eleva uma mulher como objeto *a* à dignidade da Coisa, e enquanto o que inscreve a repetição da falta na incomensurabilidade da relação sexual. Da relação de Joyce com Nora, sua mulher, Lacan solta o veredito: "Ela não serve para nada"; "É visível que apenas com a maior

---

[4] LACAN, J. (1975) "Joyce le symptôme I". In: J. Aubert (org.), *Joyce avec Lacan*. Paris: Navarin, 1987, p. 26.

das depreciações é que ele faz de Nora uma mulher eleita"[5]. É preciso que ela lhe caia como uma luva, acrescenta ele. E inclusive — o que é o pior erro com quem se ama — ele tem a sensação de ser uma mãe para Nora; ele acredita que a carrega em seu ventre[6].

No entanto, Joyce ama sua mulher e atribui a ela um lugar simbólico, minimamente pelas cartas pornográficas que ele lhe endereça. Mas esse amor não se enoda a um desejo inconsciente e ela não desempenha o papel de musa que inspiraria o seu trabalho poético — ao exemplo de Laura, para Petrarca[7]. Com sua obra, Petrarca eleva uma mulher à dignidade de Coisa, ao passo que Joyce concede uma função reparadora ao seu Ego, à custa do pai.

Se o sinthoma mostra-se diferente da sublimação, será que se pode dizer que, para Joyce, ela estaria totalmente ausente?

Alguns fatores me fazem duvidar disso. Primeiro, o traquejo de Joyce — no qual se ampara o seu sinthoma — modifica no decorrer do tempo alguns traços que contribuíram para afastar a sublimação. Graças ao sinthoma, aspectos de sublimação puderam despontar em Joyce[8]. Por exemplo, mudanças subjetivas deixaram-no mais atento aos outros e fizeram com que ele admirasse mais outros escritores. Ele

---

[5]LACAN, J. (1975-1976) *O seminário, livro 23: O sinthoma*, Trad. S. Laia. Rio de Janeiro: Editora Zahar, 2005, p. 82, 81.
[6]*Ibid.*, p. 71.
[7]Petrarca, *Cancioneiro*. Trad. J. C. Pozenato. Campinas: Editora da Unicamp, 2014. Cf. a bela obra de GILSON, É. *L'école des Muses*. Paris: Vrin, 1951, p. 50-53. O amor de Petrarca por Laura enoda o carnal do desejo sexual com a criação poética.
[8]SOLER, C. (2015) *Lacan, leitor de Joyce*, Trad. C. Oliveira. São Paulo: Aller.

A Sublimação, uma erótica para a psicanálise

conseguiu constituir laço social em torno do seu nome, e não somente entre os joycianos — como provam os lacanianos!

Em seguida, alguns ditos de Lacan relativos à noção de *escabelo* lançam uma ponte entre sublimação e sinthoma. Lacan fonetiza o termo "escabelo" — *iscabelo, S.K. belo, iscabelar, iscabelação* —, num estilo que parodia o de *Finnegans Wake*. Citemos algumas passagens:

> UÔMI: isso diz exatamente o que isso quer dizer. É só escrever foneticamente: isso, fonéticu, à sua medida — *el obsceno*. Escrevam isso assim, *el ob...*, para lembrar que o belo não é outra coisa. Issicrêbélo, a ser escrito como o iscabelo, sem o qual nuntenhum doi*ding!*no dinomi diômi. [...] Digo isso pra fazer um [escabelo] pra mim, e isso justamente fazendo cair a esfera, até aqui impossível de destronar em seu escabelo supremo. É por isso que demonstro que o S. K. belo vem primeiro, porque ele preside a produção da esfera. O S. K. belo é o que condiciona, no homem, o fato de que ele extravasa (=extra-vaza) o ser, na medida em que ele tem... seu corpo — só a partir disso, aliás, ele o tem.[9]

O texto de Lacan convoca esclarecimentos e comentários. Vou me limitar a algumas observações concernentes ao termo *escabelo*[10].

---

[9]LACAN, J. (1975) "Joyce, O Sintoma". In: LACAN, J. (2001) *Outros escritos*. Trad. V. Ribeiro. Rio de Janeiro: Editora Zahar, 2003, p. 561; trad. modificada.

[10]Com razão, vários autores — J.-A. Miller, C. Soler, É. Laurent — relacionam esse termo com a sublimação. J.-A. Miller, em sua "Nota passo a passo", acrescentada ao seminário *O sinthoma* Trad. S. Laia. Rio de Janeiro: Editora Zahar, 2005, p. 208 ["§5. Sublimação = escabelo"]); C. Soler, em *Lacan, leitor de Joyce*. Trad. C. Oliveira. São Paulo: Aller; É. Laurent em *L'envers de la biopolitique* (Paris: Navarin, 2016, p. 97, 103).

Não é tanto, a meu ver, um conceito ou um novo nome da sublimação quanto um termo ressoador de uma problemática da sublimação, e que pode aproximá-la do sintoma.

Primeiro, esse termo convoca a sublimação com a noção do *belo*, que ele contém, não para idealizá-la, mas para fazer com que ela corresponda com seu avesso, *el-ob*, que conduz ao obsceno. Lacan martelou suficientemente que a sublimação não é o sublime — por exemplo, com a citação de uma sextina nua e crua do grande poeta Arnaud Daniel, em A *ética da psicanálise*[11] —, para que não se a confunda com algo que elevaria o espírito, necessariamente. Quando ele fala de elevar um objeto à dignidade da Coisa, não é para lhe fazer subir na escala dos valores sociais, mas — como dissemos — para elevá-lo à segunda potência.

Na frase "Issicrêbélo, a ser escrito como o iscabelo, sem o qual nuntenhum que seja doi*ding!*no...", lemos uma outra alusão à sublimação com o termo "ding" — que, entre outros, lembra *das Ding*, a Coisa; o som do sino ("ding!"), ou ainda *dingue* [doidinho].

Essas referências são matizadas de ironia, o que alerta contra um uso idealizante da sublimação. A ironia dirige-se também a Joyce, sugerindo que para ele a sublimação não se deu plenamente pelo engodo do sucesso social, ainda que ela tenha podido encontrar vias marginais, notadamente em sua relação com o canto e com a música — que se encontra, aliás, em sua obra[12].

---

[11]LACAN, J. (1959-1960) O *seminário, livro 7: A ética da psicanálise*, 2ª ed. Trad. A. Quinet. Rio de Janeiro: Editora Zahar, 2008, p. 194.
[12]Conforme uma observação de M. Hernandez, da Cidade do México.

A ironia dos dizeres de Lacan não significa que a noção de sublimação como tal seja depreciada, nem que alguém possa ser poupado pelo "gozo ligado ao sentido"[13].

Lacan não recusa nem para ele mesmo o uso do escabelo, aliás, quando se trata de "fazer cair a esfera". O S.K. belo vem primeiro para que a esfera seja furada e para "vazar o ser" do homem — a partir do que, o seu corpo, ele o tem. O "fazer cair" lembra o desser em fim de análise e a saída de uma concepção esférica da psicanálise, contrária ao movimento moebiano da extensão e da intensão da psicanálise.

Por que Lacan escreve, nesse momento, *escabelo* com as iniciais de um nome próprio, *S.K. belo*? Seria o caso de procurar um nome criptografado? Parece-me que seria preciso, isso sim, ler a elevação da própria palavra ao estatuto de nome próprio enquanto ligada ao escrito das maiúsculas — e não traduzindo, ainda que possa fazer sentido. Um nome próprio que vem se colar no lugar de um furo, de um vazio constituinte de uma garrafa de Klein[14]. O nome próprio dá ao furo do sujeito uma falsa aparência de sutura, pois falta um nome para designar o sujeito — que se institui na destituição. É o rombo que Lacan qualifica como "turbilhonário" em seu seminário *RSI*.

Joyce fez para si um escabelo com o sinthoma, e S.K. belo seria o nome do sujeito desse nome. Um nome de nome de nome. S.K. belo seria o nome de sujeito do sinthoma como nome de Joyce. Ele designaria, segundo Lacan, um lugar de sujeito em Joyce, O Sinthoma. S.K. belo não é equivalente a

---

[13]LAURENT, E. *L'envers de la biopolitique*, Paris: Navarin, 2016, p. 103.
[14]LACAN, J. (1964-1965) *Le séminaire, livre XII: Problèmes cruciaux pour la psicanálise*, sessão de 6 de janeiro de 1965, inédito.

um novo nome próprio, uma vez que tem as iniciais "S.K." e o adjetivo "belo". Seria, sim, uma forma de escrever que há nome próprio em jogo no escabelo, mas um nome próprio que pode se reduzir a qualquer significante. Ele indicaria, com isso, uma dimensão de sublimação presente no sintoma.

Nessa linha, pode-se considerar que a nomeação "Joyce, O Sinthoma" por Lacan — com todo o trabalho que a acompanha — é justamente do foro de uma sublimação de Lacan. A exemplo daquilo que foi, para Freud, a nomeação de "nome do pai" (revisitado por Lacan[15]). A sublimação de Lacan viria em eco à sublimação — apesar de tudo, presente — de Joyce, na medida em que uma sublimação lhe prolongaria uma outra, como assinalamos entre Marguerite Duras e Lacan a propósito de Lol V. Stein.

Resta ainda uma dimensão de adstrição na sublimação. Em 1969, Lacan começa a última sessão de seu seminário *De um Outro ao outro* dizendo qual era a sua esperança: ser "liberado desta sublimação semanal que consiste em minhas relações com os senhores"[16].

---

[15]LACAN, J. (1959-1960) *O seminário, livro 7: A ética da psicanálise*, 2ª ed. Trad. A. Quinet. Rio de Janeiro: Editora Zahar, 2008 p. 217.

[16]LACAN, J. (1968-1969) *O seminário, livro 16: De um Outro ao outro*. Trad. V. Ribeiro. Rio de Janeiro: Editora Zahar, 2008, p. 361; trad. modificada.

15

Uma erética

Ao cabo desse percurso no qual me deixei fazer de besta pelo caráter complexo da noção de sublimação, qual testemunho pessoal posso oferecer?

Primeiro, que coloquei algo de mim, neste trabalho, de várias formas, como as dificuldades de compreensão dos textos de Lacan com os quais tive de me haver impõem e que necessitam uma interpretação, tanto a partir da literalidade desses textos quanto em função da evolução e das mudanças de formulação no decorrer do tempo. Essa dificuldade é reforçada pela existência das incertezas de estabelecimento do texto oral dos seminários. Além disso, nem sempre me foi fácil distinguir o que era o dizer de Lacan daquilo que era não somente a minha interpretação, mas também o meu aporte — fosse ele errôneo ou não.

O "colocar algo de si" me parece ter um laço estreito com a própria sublimação; já é um começo de sublimação em ato. A necessidade de colocar algo de si na abordagem da sublimação participa certamente da complexidade dessa noção e contribui para conferir a ela uma função de limite. É, diria eu, uma noção *sub-liminar*.

Ela constitui um operador que tem sua própria definição e sua coerência; e que, ao mesmo tempo, serve para aclarar — ou até para revelar — outras noções e para articulá-las entre si. A sublimação serve de bússola subjetiva para o analista na divisão em que ele se encontra em sua prática, entre ser aquele que a exerce e ser aquele que a teoriza.

A sublimação está associada ao desejo, em geral; e ao desejo do analista, em particular. Ela não representa tanto um resultado esperado no fim de uma análise quanto aquilo que pode permitir abordar a efetividade desse desejo na prática do analista, especialmente na medida em que ela "revela a natureza própria ao *Trieb*, enquanto algo que não é puramente o instinto, mas tem relação com *das Ding* como tal — com a Coisa enquanto algo que é distinto do objeto"[1]. Como, com que meios a revela? Foi a isso que me ative. O desvio pelo Teorema de Stokes, justificado pelo laço entre a borda da zona erógena e a pressão da pulsão, conduz à constante da pulsão, sobre cuja importância Lacan insistiu particularmente. Ora, foi ao considerar a pulsão do ponto de vista da sublimação que cheguei a identificar a cifra da constante da pulsão como sendo a do objeto *a*. A sublimação mostra-se, assim, uma noção constituinte da psicanálise e determinante

---

[1] LACAN, J. (1959-1960) *O seminário, livro 7: A ética da psicanálise*, 2ª ed. Trad. A. Quinet. Rio de Janeiro: Editora Zahar, 2008, p. 137; trad. modificada.

do sujeito sobre o qual o psicanalista opera, e que é o sujeito da ciência inaugurado pelo *cogito*.

Afirmar que a sublimação representa o "devir da pulsão" da fantasia fundamental serviu-me de fio condutor. A fantasia tem um lugar de axioma e constitui o sustentáculo do desejo (inarticulável como tal) tanto para o analisante quanto para o analista. É a partir dela que o analista exerce a sua arte da interpretação, com o que há de mais autista em sua fala, a fim de descongelar a fala do analisante.

Articulando fantasia e pulsão, a sublimação conjumina o desejo a-sexuado e o sexual representado pela função fálica para os falasseres sexuados. A sublimação, como destino da pulsão sexual sem recalcamento, orienta na opacidade do sexual: são as pulsões parciais que são os seus lugares tenentes, e disso se segue que a relação sexual entre masculino e feminino é um real (indecidível, impossível — o que dá na mesma). A não relação sexual quer dizer que a não relação é o sexual. Encontrando sua satisfação na repetição de uma mesmidade da diferença que cerne o objeto causa de desejo, a sublimação constitui uma das bordas do real da não relação sexual.

A sublimação age no entremeio dos significantes e da relação sexual, por intermédio da medida não comum entre o traço unário, I, e o objeto *a*. Ela sustenta o desejo do analista para afastar esses dois termos um do outro, ao contrário da idealização da transferência, que as aproxima.

Pelo laço da ética do analista com o desejo — e não pelo ideal do Bem —, a sublimação é do foro de uma ética da erótica, é uma *erética*. Sabendo que a ética é uma prática da teoria, a sublimação encontra uma realização na teoria borromeana de RSI — teoria que consiste numa escrita que depende apenas do significante. Ela se caracteriza por um atamento entre o amor (em sua referência exemplar ao amor cortês, para além do narcisismo), o desejo (equivalente à letra) e o gozo (ou satisfação da pulsão). O próprio Lacan inscreve o amor cortês na topologia do nó borromeano, com o amor como meio oriundo do imaginário entre o real da morte e o simbólico da palavra de amor que "ampara o gozo"[2].

A sublimação "coloca o sujeito para trabalhar", isto é, o coletivo — pois, segundo a fórmula de Lacan em *O tempo lógico*, "o coletivo não é nada além do sujeito do individual". Trata-se, a cada uma das vezes, de um coletivo em que o dizer analítico entre analista e analisante coloca-se em continuidade com a extensão da psicanálise. Um coletivo de uma vida analisante que segue o trajeto da letra do desejo e do desejo à letra. Assim passamos do trajeto de Lacan a Marguerite Duras ao de Lacan a Joyce, para terminar o nosso próprio trajeto.

A satisfação própria à sublimação é a da repetição da letra a três da escrita borromeana: repetição de uma mesmidade da diferença, de uma letra que se precipita *turbirombando*.

---

[2]LACAN, J. (1973-1974) *Le séminaire, livre XXI: Les non-dupes errent*, sessão de 18 de dezembro de 1973, inédito.